JN223427

図説

ヨーロッパから見た
狼の文化史

ミシェル・パストゥロー　蔵持不三也 訳
Michel Pastoureau　Fumiya Kuramochi

LE LOUP
Une histoire culturelle

原書房

図説 ヨーロッパから見た 狼の文化史

図説

ヨーロッパから見た
狼の文化史

ミシェル・パストゥロー　　蔵持不三也 訳
Michel Pastoureau　　*Fumiya Kuramochi*

LE LOUP
Une histoire culturelle

序文

いかなる社会も、ほかの動物たちより重要と考えられ、互いに顕著な、そして緊密だが漠然としており、多少とも幻想的な関係を結んでいる少数の種を中心とした動物世界のイマジネールを築いてきた。これらの動物種は、伝説・伝承や神話、造形表現、シンボルなどのもととなる一種の「中心的動物誌」(ベスティエール・サントラル)（この美しい表現はフランソワ・ポプランからの借用）を形づくっている。

ヨーロッパでは、こうした中心的動物誌は古くから、つまり原史時代ないし太古につくられ、きわめて長いあいだもちいられてきた。それは8種の野生かつ土着の動物たち——熊、狼、猪、鹿、狐、カラス、鷲、白鳥——からなる原初的な核を中心に築かれた。やがてそれに家畜たちもくわわるようになる。まず牛・馬と犬、のちには豚、ロバ、鶏などである。このリストを完全なものにするには、さらに幻想動物のドラゴン（最大の蛇）や3種の異国的な動物、すなわちライオンと象と猿をくわえなければならない。そして、これら計20種あまりの動物がヨーロッパの文化史で重要な役割を演じてきたのである。

本書を嚆矢とする一連のモノグラフはこの歴史に捧げられている。その手はじめとして、筆者はこれまでほとんど発表

左ページ：フォワ伯の狼たち

中世の狩猟論は、野獣にかんして、動物誌とは異なる書き方をしていた。聖書の釈義やその倫理的な考察はなく、動物相の直接的な観察にもとづく注記にとって代わられている。たとえば、フォワ伯ガストン・フェビュス3世（1331－91）が1387年から88年にかけて編んだ、有名な『狩猟の書』のように、である。偉大な狩猟者だったこの著者は、何を語るべきかを心得ていた。そこで「かなり粗野な獣」と命名された狼について、伯爵はそれが獰猛でよこしまかつ危険な動物だとし、これを狩るには馬に乗り、猟犬を使っての狩りだけではなく、罠や捕獲網、落とし穴、さらには術策ももちいるのがよいとしている。

フォワ伯ガストン・フェビュス3世『狩猟の書』、1400年頃にパリで制作された彩色写本。フランス国立図書館 ms.Français 616, folio 31 verso.

してこなかったが、過去半世紀にわたって自分の研究や教育に特権的な位置を占めている動物を選んだ。狼である。たしかにこの野獣の歴史にかんするすぐれた著作は何点かあるが、自然史ないし博物誌よりも文化史に力点を置き、とくに長期的に文化史と向きあった著作はほとんどない。さらに、一般大衆に向けられた一部の著作は、概してヨーロッパ社会に限定せず、広く地球全体における狼を扱っている。

筆者としては、文化史はつねに社会史であり、それぞれの社会に固有の集団的表象（言語や語彙、文学的・芸術的創造、エンブレムとシンボル、信仰と俗信など）にかかわると考えている。この文化史を実りあるものにするには、当該社会のことを知らなければならない。筆者をふくむ歴史家は、あらためて指摘するまでもなく、5大陸の社会を直接研究することはできない。ほかの研究者の仕事を編集する嗜好も願望ももちあわせていないため、本書では、筆者自身が見聞きしていること、半世紀におよぶ自分の調査や考察の対象としてきたことに限定して論じたい。ヨーロッパ社会だけでも、最古の神話体系から現代のぬいぐるみや広告ロゴ、アニメ、ビデオにいたるまでを理解するなら、すでにしてかなりの重要性をおびているからである。

過度の冗長さを避けるため、そして本書がとりとめもなくなるのを防ぐため——人間と狼との関係の歴史については際限なく語ることができるが——、筆者はパリの高等研究実習院や高等社会科学研究院で40年近く講じてきた「中心的動物誌」の講義やゼミをもとに、基本的な点のみをとりあげて、「狼にかかわること」の総決算をするにとどめるつもりである。当時の実り多い情報交換に参加してくれたすべての学生や聴講生諸氏に感謝を捧げたい。同様に、自然史博物館で生産的かつ親和的なゼミを20年間続けていたフランソワ・ポプラン氏にも心から感謝したい。そこでは最近の2年間、人間と動物の関係に関心をいだいていた多くの研究者たち、すなわち動物学者や考古学者、歴史家、社会学者、哲学者、言語学者が一堂に会して、意見の交換をおこなってきた。

長いあいだ、歴史家たちは動物にほとんど関心を向けなかった。「些末な歴史」として見すててきた。彼らにとってとるにたりないような、そして逸話的ないし周縁的と思えるような主題はすべてそうするのが常だった。ごくわずかな哲学者や宗教史家だけが動物にかかわる特殊な文献に興味をいだいたにすぎない。だが、今日、状況は変わった。先駆的な歴史家と他の分野から参入した研究者との共同

作業のおかげで、動物はようやく学術的な歴史学の対象となっている。先端的な研究や数多くの学問領域の合流点に位置するようになったのである。人間とのさまざまな関係でみれば、動物は実際のところ社会史や経済史、心性史、文化史、宗教史、さらに象徴史の重要な問題すべてとかかわっている。それは時代や状況をとわず、あらゆるところに姿を現わし、いたるところで歴史家に重要かつ感動的、そして複層的な問題を投げかけているのだ。

　筆者についていえば、国立古文書学校で1972年に受理された博士論文『中世の紋章動物誌』以来、動物学の歴史や象徴体系をたえず研究してきた。ヨーロッパの伝統で長きにわたって動物たちの王であり（その地位は12世紀にライオンにとって代わられた）、古代社会では狼のイトコともみなされてきた熊については、筆者はこれまで数多くの研究や著作で考察しておいた。この熊と狼はいずれもおそろしい野獣であり、古代のパンテオンでは数柱の神の属性とされ、それらを守護獣とするさまざまな民族からうやまわれてもいた。異教徒の戦士や狩猟者たちはまたこれら野獣の肉を食べ、血を飲むことで、その力を手に入れようともした。だが、キリスト教会は両者を嫌悪して昔から宣戦を布告してきた。物理的にいく度となく狩りや狩り出しを組織しただけでなく、それらを悪魔に見立てて、悪や罪の長いリストにくわえるという象徴的な戦いをしかけてきたのである。しかし、時代や資料、背景をとわず、狼はつねに熊よりも負性をおびており、ときにはより獰猛・残酷で死をもたらし、ときにはまた悪辣で卑怯、さらに嘲笑すべき存在ともみなされてきた。

　半世紀あまり熊と格闘していた筆者にとって、いまは狼を相手に闘うときである。おりしもこの獣は今日なにかと話題になっている。狼を自然にもどす、あるいはそれが姿を消したヨーロッパの一部の地域に、人為的にもちこむというのである。この計画は数年前から激しい論争をひき起こし、飼育業者や狩猟者、牧畜関係者たちと、狼には野生の状態で生きる権利があると主張する自然・環境保護論者や生態系擁護者たちとが対立するようになっている。それぞれの土地に狼を再導入するというのは、おそらく動物種の均衡と正常化ないし調節を目的とするためだろう。捕食者がいないため、鹿が増加する傾向にあり、有害になっているからである。こうしてヨーロッパのいたるところで人間の介入と狼に対する新しい対応がみられ、以後、これは保護され、さまざまな美徳をそなえた動物種となっているのだ。おそらく復権した狼は、み

ずからが「傷つけることなく組みこまれうる」風景の指標となるだけでなく、自然空間の生態学的健全さの証人にも、さらに社会生活のモデルにもなるだろう。狼の群れが見事な家族的・位階的な構成を見せてくれるからである。だが、狼の再導入は中立的な観察者を困惑させてもいる。たしかにそれは、意図的に導入したが、あまりにもすみやかに繁殖して家畜の災厄になっている野獣たちを、毎年一定の割合（2018年のフランスでは10パーセント）で殺処分してもよいとする、奇妙な「狼計画」と一対をなしているのである。

　歴史家たちはこうした論争と無縁ではなく、狼の熱心な支持者たちから狼に誤ったイメージをあたえてきたとして非難されてもいる。これが獰猛で血を好み、畜群だけでなく、女性や子どもたちをむさぼる野獣だとするイメージを、である。その擁護者たち、いや動物学者や動物行動学者たちもまた、狼はさほど狂暴にはならず、人間を襲ったりすることはないとする。たしかに19世紀までの制度的・司法的・社会的な歴史記録は、それとは反対のことを語っている。しかし、これらの文書（教区記録や身分証書、公証人証書、死亡証書、人口調査、医療・裁判記録、年代記、雑誌、新聞、ポスターなど）はまちがえているか、事実をいつわっている。さらにいえば、これらの記録や文書は歴史家たちによってつたない検討がくわえられてきた。彼らは誇張や拡大解釈、誤解、さらにごく単純にいえば神話化をしてしまったのである。ありていにいえば、狼は人間を食べたりしない。つまり、これらの歴史家たちが告発してきたような罪はいっさい犯していないのだ。

　ここでぜひとも理解しなければならないのは、さまざまな表現やシンボル、想像力にかんする文化史が、古文書とまったく同じ方向をたどってきたということである。本文で縷々指摘しておいたように、何世紀ものあいだ、おそらく狼はいたるところで恐怖と破壊、そして不安の種をまいたと思われている。では、いったいだれ、ないし何を信じればよいのか。今日の自然主義者たちの知識か、それとも過去がわれわれに遺した無数の証言か。いうところの自然史とは、特定のタイプの文化史でないとすれば、いったい何なのか。数世紀もたてば、狼にかんする言説は必然的に今日のものとは異なっており、現代の動物行動学者や獣の弁護者たちの立派な確信も、おそらく再検討を余儀なくされるだろう。とすれば、かつての狼が今日の狼ではなく、後者もまた明日の狼ではないとする考えを受け入れなければならないだろう。さらにいえば、

今日の知識や感性、倫理観、価値観を物
差しとして、過去を学ぶ——そして判断
する！——ことは避けるべきだろう。そ
うしないかぎり、われわれが「歴史」を
なにほども理解していなかったという事
実があらわになるはずだ。

第1章

古代の神話体系

　後期旧石器時代における人間と狼の関係がどのようなものだったかは、ほとんどわかっていない。ビゾン（原始野牛）や馬、マンモス、さらに熊や鹿などとは反対に、洞窟壁画に描かれた動物群に狼が登場していないからである。壁画や動産品【線刻・彫刻がほどこされたトナカイや鹿などの骨・角】にそれらしき動物像が若干みられるが、それがなにかを特定することはむずかしい。しかし、過去数万年のあいだに狼のイメージ、すなわち称賛と尊敬をあびながらもおそろしい野獣、人間と同じテリトリーに出没し、同じ餌を食する野獣というイメージがつくられ、やがて一部の人々は狼を自分たちの遠い祖先とみなすまでになる。事実、中央アジアのテュルク（トルコ）＝モンゴル系のいくつかの部族はこの野獣をトーテム動物とし、その呼称をもちいたりもするようになった。たとえばチンギス・カン自身、その伝承【『元朝秘史』】によれば、「蒼き狼の子」と好んで自称していたという。この狼【遠祖ボルテ・チノ。字義は「蒼き狼」】は女性【コアイ・マラル。字義は「青白き鹿」】と交わるために天から降りてきたとされる。北半球では、狼を祖先とするということは、こうして長いあいだ特権的な出自とみなされていた。

　ヨーロッパに話をもどせば、そこでは神話が考古学的なデータ以上に多くを語ってくれる。とりわけギリシア神話は、貪欲で窃盗癖があり、狡猾、残酷、そして牧人や家畜たちの敵である狼の物語が数多くある。数柱の神々——ゼウス、アレス【軍神で、ゼウスとヘラの子】、アポロン、ヘカテ【冥府と呪法の女神で、松明を手に、地獄の犬群をひきいる】——の眷属だった狼は、人間たちを罰したり、ほかの神々に復讐したりするための武器としてもちいられた。いくつかの主題はもっとも有名な神話にくりかえし登場している。狼への仮装ないし変身、乳母がわりの雌狼、案内者ないし庇護者としての狼といった主題である。

　さらにリュカオン王のおそろしい話も

狼頭の怪物

　前6－前5世紀のエトルリアの陶器には、動物が数多く描かれている。ヴルチの墓所、通称「オステリアのネクローポリ」で出土したこの皿の中央部にみられるモチーフは、解釈がむずかしいが、それは狼ではなく、体毛でおおわれ、鉤爪をもつ狼頭の怪物に仮装した人物と思われる。そのまわりには弓で武装し、有翼の神と、自分の妻デイアネイラをさらったケンタウロス族のネソスと闘う、ヘラクレス（すくなくとも射手の神アポロンではない）が描かれている。

ティテュオスによって描かれたテラコッタ製のエトルリア皿。前530－前520年頃、ヴィラ・ジュリア、国立エトルリア博物館。

ある。オウィデウス【前43－後17／18】が西欧文化の基本書といえる『変身物語』で最初に語っているところによれば、不信心で瀆聖的、そして人身供儀を好んでいたこのアルカディアの王は、祝宴でゼウスに食事を供した際、あろうことかいたいけな乳児の咽喉を切って殺し、その肉を食事に混ぜたという。怒ったゼウスはリュカオンを狼に変え、8年間、人肉を決して口にしてはならないと厳命したうえで、狼の姿のまま放浪させる罰を

くだした。ゼウスは同じ破廉恥な行為を働いた王子たちも罰したともいう。ゼウスはまた、彼の子を身ごもり、そのために正妻ヘラの怒りを買ったレトを、さまざまな経緯から雌狼に変えている。やがてレトは海に浮かぶ不毛な島——これがデロス島となる——でアルテミスとアポロンを産み、それから子どもたちをつれてアナトリアの南にある「狼たちの国」リュキアに逃れる。3人はこの地でしばらく住んだ【異伝あり】。地元民たちの

狼の皮をまとったトロイアの間者ドロン

策略（ドロス）を想い起こさせるドロンの物語は、ホメロスの『イリアス』第10歌にある。醜くほら吹きだが、足が速かったドロンは、すばらしい褒美（アキレウスの戦車）を期待し、夜闇にまぎれてトロイアを離れ、ギリシア方の陣営に間者としてしのびこむ。その際、彼は狼に仮装して、この獣のように移動した。だが、彼の

策略はトラキア王のディオメデスとオデュッセウスによって見やぶられてしまう。そこでドロンはトロイア軍の防御配置をギリシア方に暴露し、やがて首をはねられてしまった。

赤絵式の取っ手付き葬祭用香油壺、前460年頃、パリ、ルーヴル美術館、古代ギリシア・エトルリア・ローマ部門、CA1802.

敵意は、彼らに同情した狼たちが守ってくれた。アポロンに冠せられる「リュキア」という形容辞は、おそらくここに由来する。

だが、別の伝承が語るところによれば、この太陽神は毎年極北の地ヒュペルボレイオスにしりぞき、そこで狼たちの仲間になるという。いずれにせよ、アポロンの数多い眷属たち（烏、白鳥、鶏、イルカ、コンドル、ハイタカ）のなかで、狼が文献や図像表現にもっとも頻出する動物であることはまちがいない。さらに、とくにその主たる聖地であるデルフォイでは、しばしばこの神に生贄が捧げられてもいた。アポロンと双生で、月と野獣

p. 18－19

ゼウスによって狼に変えられたリュカオン

粗暴で残酷なアルカディア王のリュカオンの変身譚は、オウィデウスが『変身物語』で最初にふれている。そこからこの変身譚はもっとも有名なものとなり、とくに版画によってもっともひんぱんに表されるようになった。ゼウスを祝宴に招いたリュカオンは、無謀にも料理に乳児の肉を混ぜて供した。おそらくそれはゼウスがカリス

トとのあいだでもうけた子どもアルカスの肉だった。この蛮行に憤ったゼウスは、ただちにリュカオンを狼に変えた。

ヘンドリック・ホルツィウス【1558－1617。オランダの版画家・素描家】作版画。1589年にアムステルダムで刊行されたオウィデウスの『変身物語』用挿画。

たちの庇護者とされる女神アルテミスにも、同様の供儀がなされていた。【ヘラの嫉妬をのがれるため】雌狼に変身して出産した母神レトの息子であるアポロンはまた、リュコゲネス（Lycogénès）、つまり「雌狼の子」ともよばれる。フランス語で国立高等学校を意味するリセ（lycée）はこれを語源とする。アテナイのアポロン神殿の近くにこの神に捧げられた聖なる森「リュケイオン（Lýkeion）」があり、アリストテレスはそこで哲学を教えた。そして前335年頃、彼はここに自分の学園を創設し、これに森の名をつけた。この学園の呼称がリセになったのである。

　ギリシア語とラテン語には、古代人の生活と想像力において狼が演じていた役割を強調する俚諺や表現が数多く

オーディンを飲みこむ狼フェンリル

　この石碑にきざまれたルーン文字によれば、バイスなる人物が「父ソルギョートを追慕して」これを建てたという。ここには予言的な世界の終末、すなわちラグナロクに、おそろしい狼フェンリルがオーディンをいまにも飲みこんでむさぼろうとしているさまがみられる。下方にきざまれた戦士の兜は、北仏バイユーのタペストリー【1066－82年】に表わされたものに似ており、石碑の線刻が11世紀中葉になされたとの年代特定を可能にしている。

スウェーデン、レドベリのルーン石碑、11世紀。

狼の皮と仮面をつけたオーディンの戦士

各種のサガや「詩のエッダ」が語るところによれば、古代スカンディナヴィアで最高の戦士は、裸のうえに熊皮（ベルセルク）ないし狼皮（ウルフヘズナル）をまとっただけで戦場に向かったという。これら2種類の野獣の血を飲み、肉を食したのち、彼らは激高状態となり、無敵となる。兜飾りとしてのこの青銅板には、右側に鞘から剣を抜いた狼＝戦士が見える。その前には、おそらくオーディン神とおぼしき人物が表されている。

オランド島トゥースルンダで出土した6−7世紀の青銅板。ストックホルム、国立歴史博物館目録SHM 4325.

ある。たとえば「井戸のまわりで踊る」（むだなことをする）や、「狼の耳をつかむ」（窮地におちいる）、「狼のように口をあける」（絶望する）、「まったく見知らぬ人は狼に似ている」（よそ者をおそれる）などである。もっとも人口に膾炙した格言は、プラウトゥス【前254頃−前184。ローマの喜劇作家】が前3世紀末頃に発表した作品、『アシナリア』（ロバたちの喜劇）に初出している。「ホモ・ホミニ・ルプス（人間は人間の狼であ

る）」、つまり「人を見れば敵と思え」というものである。プリニウスをはじめ、エラスムスやモンテーニュ、ニーチェといった数多くの思想家や哲学者——さらにフロイト——によって長いあいだ引用・注釈されてきたこの格言は、人間の本性をペシミスティックに表わしている。人間はおそらく利害のみで行動して良心の痛痒を感じることなく、暴力的かつ攻撃的で、権力をほしがり、つねに他人を犠牲にして自分の利益を優先させようとする、というのである。これはまたほとんどおもねることがない狼のイメージをつくりあげた格言といえるが、それははるかに後代の、おそらく16世紀に初出する諺、すなわち最初は「狼は狼の肉を食べない」【共食いしない】、さらに現在の「狼たちは仲間同士でむさぼったりしない」（同悪相助く）というかなり、異なった諺と呼応すると同時に対照をなしてもいる。

　これに対し、北欧神話では、狼はギリシアないしローマ神話に比べてあきらかにより獰猛な存在となっている。隻眼の魔術師で神秘的、狡猾にして残酷でもありながら全知の主神オーディンは、しばしば「狼たちの神」ともよばれている。この主神がヴァルハラの宮殿に着座する際は、２匹の狼、すなわちゲリとフレキが足もとに横たわり、戦いでもっと

フェンリル狼と世界樹イグドラシル

　17世紀末につくられたこのアイスランドの手写本は、『エッダ』のテクストを一部写したもので、そこにはおそろしい狼フェンリルと巨大な世界樹イグドラシル（ユグドラシルとも）が描かれている。後者は天と地上および地下の３界を結びつけるもので、一般的には巨大なトネリコとされる。この巨木にはさまざまな生き物が住みついている。鷲、ハヤブサ、山羊、リス、５頭の鹿などである。さらに木の下では、１頭のドラゴンがこれをかじって破壊しようとしている。

『縦長のエッダ』、1680年。レイキャヴィク、アルニ・マグヌソン研究所、AM 738 41, folio 43 verso & 44.

も華々しく斃れた戦士たちの屍を見守り、彼らが復活して巨人族との最後の一大決戦「ナグラロク」【神々の黄昏。字義は「神々の運命」】にくわわるのを待つ【この死せる戦士たちを「エインヘリャル」とよぶ】。いくつかのサガ【古代アイスランド語ないし古ノルド語で書かれた中世の散文物語群】では、彼らオーディンの戦士たちはベルセルク（字義は「熊たちの下着」）、あるいは戦場に裸で甲冑や胴鎧もつけず、ただ狼の皮だけをまとって出立したところから、ウルフヘズナル【ウルフヘジンとも。古ノルド語で「狼の皮」の意】とよばれたという。この戦士たちは野獣のように激高し、楯をかじるほどのトランス状態に入って、獣といわず、人間といわず、出くわしたものすべてを殺

p. 24－25

野生動物たちに囲まれた
ケルトの神ケルヌンノス

　ケルト神話では、狼は熊や猪ないし鹿ほど重要な役割をになっていない。しかし、それは一部の神の眷属となっている。1891年にユトランドの泥炭沼で発見された有名なグンデストルップの大釜では、ケルトの主要な神で豊穣多産をつかさどるとされるケルヌンノスとともに表されている。この神の左側（図版では右側）に配された狼は猪と混同されているようだが、牙はなく、長い尻尾をもっているところからして、これが狼であることはまちがいない。

平打ちの銀板、グンデストロップの大釜内側装飾、前1世紀。コペンハーゲン国立博物館。

してしまう。アイスランドの偉大な史家で詩人でもあったスノッリ・ストゥルルソン【1178－1241】は、13世紀初頭にこう書き記している。「鉄であれ、火であれ、彼らにはかなわない。彼らは無敵なのである」。さらにベルセルクは熊のように単独で戦い、ウルフヘズナルは狼のように群れで戦うとも明記している。出征の前、後者は狼の血を飲み、ときに肉も食してその力を手に入れたともいう。

　北欧神話には怒ったウルフヘズナル以上におそろしい怪物がいる。巨大な狼フェンリルである。よこしまで不実、嫉妬深くて狡猾な神ロキと、「氷の」女巨人アングルボザの息子とされるフェンリルは、だれからもおそれられ、雷神・農耕神で、力と勝利のシンボルでもあったトールの手をむさぼったため、神々から鎖につながれる。だが、それをなんなく引きちぎってしまう。ふたりの息子ハティとスコルはラグナロクにそれぞれ月（マーニ）と太陽（ソール）をむさぼり【月食と日食の原因とされた】、フェンリル自身もまたオーディンを飲みこむが、最後にオーディンの息子ヴィーザルに殺される。しかし、その殺害はむだだった。フェンリルの破滅的な怒りによって、炎と波が荒れ狂い、神々の世界と人間世界が終焉したからである。

　一連の神話で、おそらくもっとも激しいのはケルト神話である。数多くの神々の主神（すくなくともカエサルの考え）【『ガリア戦記』に記述がある】で、創造の父、芸術や医術の万能の守護者でもあったルグないしルー【太陽神】は、すべてを見通す眼力やきわめて長い腕をもち、魔法の槍（オーディンのものと相似）を手にし、2匹の狼を従えて描かれている。この狼たちは、北欧神話のカラスと同様、世界を駆けまわり、目にしたことをルグに報告するという。そのLugという呼称はおそらく光や光の存在、さらに光り輝くことの総称である、インド＝ヨーロッパ語の語根（想定復元語の

*leuk-）とかかわっている。たしかに狼（ギリシア語lýkos）は、ギリシア語で「光、白」を意味するレウコス（leukós）の関連語であり、そこから狼は闇のなかでも見ることができる光の存在となる。こうして狼はケルト人のあいだではアポロンの眷属、ガリア人にとってはルグやベレヌス【光・火・治癒をつかさどる神。字義は「輝くもの」】の眷属とされた。これら3神はいずれも太陽の神格化である。夜での習性でどうであれ、そしてしばしば月に向かって吠える――ときに月の影を盗むとみなされている――としても、古代神話における狼は、あきらかに太陽とわかちがたく結びついた動物として登場しているのだ。

第 2 章

ローマの狼

　ローマ人たちはその町の起源について熱心に自問していた。何世紀ものあいだ、さまざまな伝承が受け継がれたが、アウグストゥス帝【初代ローマ皇帝在位前27－後14】の時代、ウェルギリウス【前70－前19】の長編叙事詩『アエネイス』や、ティトゥス＝リウィウス【前59－後17】の『ローマ建国史』【142巻！】による説が規範化された。これらの説は、女神アフロディテと人間アンキセスの息子アイネイアスが、いかにしてギリシア軍に奪われた祖国トロイアから逃げ、さまざまな冒険をへて、最終的にローマを流れるティベリス（テヴェレ）川の河口近くに上陸したかを語っている。その息子アスカニウスがアルバ・ロンガの町を建設したのがそこだった。

　アスカニウスやアルバ王たちの末裔であるロムルスと双生の弟レムスの母は、若く美しい女性レア・シルウィア。アルバを平穏に治めていたヌミトルの娘だった。だが、この孫たちが生まれてまもなく、ヌミトルはかねてより王位を狙っていた弟のアムリウスによって追放されてしまう。ヌミトルには娘レアがひとりいるだけで、しかも彼女は女神ウェスタの巫女だったため、純潔を誓っていた。アムリウスにとって不幸だったのは、姪のレア・シルウィアがマルス神から愛されており、その交わりによって、王位の継承を約束されたふたりの息子、すなわちロムルスとレムスが生まれたことだった。ふたりが生まれたとの知らせを受けたアムリウスは怒りにかられ、前述したように兄を失脚させ、哀れなレア・シルウィアを生きながら土に埋め、さらに乳児たちを柳のかごに入れて、増水したティベリス川に投げ入れるよう命じた。そうすれば、いずれ絶命すると思ったからである。

　だが、ティベリス川【の精霊ティベリヌス】は乳児たちに慈悲をかけた。兄弟をパラティヌスの丘まで運び、そこに自生していたイチジクの木（この故事から、のちにルミナルとよばれるようになる）の下に置いた。マルス神はそこに1匹の

雌狼を送り、乳児たちに乳をあたえさせた。やがて、1羽の巨大な鷲も食べ物を運ぶようになる。さらにのちには、ファウストゥルスという名の羊飼いがふたりを見つけて小屋につれ帰り、妻が若い牧者となるよう育てた【この妻アッカ・ラーレンティアはじつは女神ケレスであり、ロムルスたちを育てるようにというヘラクレスの意を受けてファウストゥルスの妻になったとする説もある】。こうして成長すると、兄弟は誕生時の秘密を知り、王位簒奪者のアムリウスを追いつめて殺してから、祖父ヌミトルをふたたびアルバ王に復位させる。そして、この祖父から自分たちが引き上げられた場所の近くに、町を建設するための領地をあたえられることになる。

ところが、やがて兄弟のいがみあいがはじまる。レムスはアウェンティヌスの丘に町を築くのを望んだが、ロムルスは雌狼が自分たちを養ってくれたパラティヌスの丘の岩の斜面を選んだ。そこで彼らは神々にうかがいをたて、エトルリアの占い、すなわち空中の鳥たちの飛翔を観察して決めることにした【これを鷲やカラスとする説もある】。神意はロムルスとパラティヌスの丘におりた。だが、ロムルスが犂をもちいて将来の町の境界線を引くと、嫉妬にかられたレムスはあざけって境界の堀を飛び越え、兄を挑発した。これに怒ったロムルスはレムスを殺害し、ひとりで町を築いてそれに自分の名をつけた。ローマである。伝統的に前753年

貨幣にきざまれたローマの雌狼

ローマ時代の動物象徴体系では、狼は負性の動物だった。盗癖があり、貪欲で残酷、邪悪、そして死をもたらすとされていたのである。雌は雄以上に質が悪く、これらさまざまな害悪にくわえて、淫乱でもあるという。ラテン語のルパ（lupa）は雌狼と同時に娼婦をさすからである。だが、いかなる象徴体系にも例外はあり、その例外によって象徴体系が十分な役割を発揮するのだ。ロムルスとレムスに乳をあたえた雌狼はまさにその例外である。それはかなり早くからローマのエンブレムのひとつとなっており、数多くの媒体、とくに共和政の鋳貨に表わされている。

前77年に貨幣3人委員のひとりだったププリウス・サトリエヌスの名がきざまれた、ローマのデナリウス銀貨。

カピトリーノ（カピトリヌス）の狼

　この狼のブロンズ像はいつ制作されたか。その年代については、今日議論の的となっている。前5世紀のエトルリアでつくられたものか、あるいはより最近の分析が示しているように、古代の作品を中世に複製したのか。いずれにせよ、ある噴水の飾り物として長いあいだもちいられてきたこの金属製の雌狼像は、1480年頃に教皇シクストゥス4世【在位1471－84。システィナ礼拝堂の建立者】によってローマ市に寄贈され、やがて1544年にカピトリウムの丘の上に安置された。その間、彫刻家で画家でもあったアントニオ・デル・ポッライオーロ【1433－98】が、ロムルスとレムス兄弟の像を狼の腹部の下に置いた。この彫像全体は1876年にコンセルヴァトーリ宮殿に移されている【本文p.36参照】。

カピトリーノの雌狼（一部）、前5世紀ないし12世紀。ローマ、カピトリーニ美術館。

　に建設されたというローマは、こうしてその本来の場所を鳥占に負っており、兄弟殺しの土の上に建てられたことになる。

　雌狼と鷲は早くからローマの守護動物とみなされてきた。ローマ共和政のもと

で、両者は公式のエンブレムとなり、帝政時代にはあらゆる媒体に描かれた。ふたりの子どもに授乳する雌狼の姿はさまざまな貨幣の裏や数多くのモニュメントにきざまれた。さらに、雌狼は信仰の対象ともなった。毎年2月中旬、ルペルカリア祭【バレンタイン・デーの起源とされる】が営まれたが、そこでは同じ儀礼の

なかで、農耕神で豊穣多産の神でもあっ
た【ファウヌス・】ルペルクスと、神格
化されて女神デア・ルペルカとなった恵
みの雌狼が結びつけられていた。ローマ

暦のうちでもっとも重要な祭りのひとつ
であるこのルペルカリア祭は、ローマ市
やその畑地、さらに畜群に繁栄と多産
をもたらすことを目的としていた。ロム

p. 32

雌狼とイチジク

1840年、ブリタンニア属領、現在のイングランド北部のローマ軍要塞（インスリウム・ブリガンティウム）跡地で発見されたこのモザイクは、かなり修復されている。とくに雌狼の頭部と双子の兄弟像も作りなおされている。しかし、ルミナルとよばれるイチジクの木——ティベリス川がそのままでは溺死するはずの乳児たちのかごを奇跡的にとどけた——は、原型をとどめている。

ローマ時代のモザイク、300年頃。リーズ、ミュージアム＆アート・ギャラリー、リーズ市立博物館。

p. 33

ルペルカリア祭

ルペルカリア祭はローマ暦のうちできわめて重要な祭りのひとつである。毎年2月中旬に営まれたそれは、きわめて古いルペルクス神を祀るもので、この神の主神殿は、雌狼がロムルスとレムスを育てた洞窟から近い、パラティヌスの丘にあった。ただ、ルペルカリア祭はまた耕作と畜群およびローマの女性たちの盛運を願う、豊穣・多産と浄化の祭りでもあった。とくに母親になることを願う女性たちは、ルペルクスの神殿に仕える神官団が走る道に身を置く。すると、神官団は彼女たちを牛皮のひもで儀礼的にたたく。多産を予祝するためである。そのようすは、ローマの属領だったテュスドルス（現チュニジアのエル・ジェム）近郊のヴィラ跡から出土した床のモザイクに描かれている。

テュスドルスの床モザイク、220‐230年頃。スース（チュニジア）、考古学博物館。

ルスとレムスが育ったとされるパラティヌスの丘腹にあるルペルカル洞窟の前では、山羊と牛が生贄にされた。それから、丘の上で儀礼的・浄化的な競走がくりひろげられた。そこでは貴族階級の若者たち【ローマの建設にかかわったとされるもっとも古い家系から選ばれた】がルペルキ（luperci）【字義は「狼の兄弟たち」】——語源的には「狼＝牛」の意——とよばれる神官団を組織し、生贄となった山羊の皮をまとってあちこち走りまわり、牛皮のひもで通りすがった女性たちをたたいた。多産を予祝するためである【類似の慣行はわが国の伝統的な民俗にもある。「孕めん棒」がそれである】。やがてこの伝統的な農耕礼は堕落して、ときに集団的な性的混乱をまねき、5世紀なると、教皇ゲラシウス【在位492‐496】によって最終的に廃止された。

ロムルスとレムスが雌狼によって授乳されたパラティヌスの丘の東面は、古代ローマ人の聖地となった。ファウストゥルスの古い小屋も、イチジクのルミナル同様、このうえもなく細心に維持された。タルクイニウス王【ローマ王政期第5代王。在位前616‐前579。円形競技場やフォルム（公共広場）などを建設したとされる】の時代にルミナルが老いて枯れそうになると、人々はそれをフォルムに移植し、そのおかげで、さらに数十年生きのびた

狼頭が表されたダキアの軍旗

113年に完成したトラヤヌスの記念柱は、ローマ皇帝トラヤヌス【在位98－117】の2度にわたるダキア遠征の勝利を記念するものである（ダキア人はドナウ低地地域に住んでいたトラキア系民族）。高さ40メートルのこの円柱は大理石でできており、その螺旋状の帯状彫刻は浅浮彫で155の戦闘場面を表現している。そこには敵から奪った武器や甲冑、軍旗、楯などの戦利品が彫られている。蛇の形をしたこの軍旗もそのひとつで、実際にはおそらく風にはためかせてもちいられたのだろう。そこにみられるかなり攻撃的な狼の頭は、トラキア系の数部族がもちいていた、もうひとつのエンブレム動物であるドラゴンのそれと似ている。

ローマ、トラヤヌスの記念柱基部（一部）、107－113年頃。

という。

　考古学的発掘にもとづく現代の考証によれば、ローマの最初の住人は周囲のラテン人やサビニ人の村からやってきた牧人たちだったという。彼らは丸太小屋やヨシ葺きの小屋に住み、ローマの７つの丘の斜面で家畜たちに草を食べさせていたともいう。それゆえ、ローマは長いあいだ、隣接する村落とほとんど同じような村のままであり、これらの村に対して自衛しなければならなかった。やがてそうした村々と同盟を結び、さらにこれらを制圧してから、いよいよ世界征服をはじめるようになった。それゆえ一部の碩学たちは、狼がサビニ人たちの守護獣だったところから、ローマの雌狼がおそらくもとはサビニ人たちの神格だったとまで主張してきた。彼らサビニ人たちは現在のローマの北東にある土地を支配し、７つの丘のうちでもっとも高いクイリナリス（クイリナーレ）まで進出したとするのである。

　さらにほかの碩学たちは、現在カピトリーニ美術館に収蔵されており、等身大より若干大きな有名なブロンズ製の雌狼像が、ギリシアかエトルリアでつくられたものだとしている（当然のことながら、彼らはさらに雌狼の下の２体の乳児像が、じつは16世紀になって置かれたにすぎないとも指摘している）。また、ギ

リシア＝ローマ時代の動物誌では、雌狼の象徴性はとりわけ価値があるものではなく——残酷で不潔、そして淫奔でもあるため——、しかもラテン語で「狼」をさすlupaは、しばしば娼婦の意味でもあったとする説もある（現代フランス語のlupanar「娼館」という語は、そこから派生している）。

　以上の説はかならずしも誤りとはいえないまでも、最終的にはほとんどとるにたらないといえる。ローマ市の、やがて帝国の住民たちにとって、双生児の伝承と結びつけられた授乳する雌狼は、ほかとはまったく異なっているからである。それは聖獣であり、神殿や墓碑、さらに

雌狼によって授乳されるロムルスとレムス

　多作をもって知られるルーベンスは、ギリシア＝ローマ神話から数多くの題材を選んでいる。この有名な作品には、ルミナルとよばれるイチジクの樹下で、ロムルスとレムスに乳を授ける雌狼が描かれている。画面左手では、ふたりの子どもの親であるマルス神（この神に好んでもちいられていたシンボルのひとつであるヨーロッパアオゲラが、木のなかに配されている）と、ウェスタの巫女レア・シルウィアが、この情景をみつめる。右手では、牧人のファウストゥルスが、葉叢に身を隠しながら、目の前の奇跡を観察している。

ピーテル・パウル・ルーベンス作『雌狼によって授乳されるロムルスとレムス』、1615－16年頃、ローマ、カピトリーニ美術館。

さまざまなモニュメントや貨幣に表わさ
れたその像は、1000年にもわたって守
護者としてのイメージをおびており、ロ
ムルスとレムスの記憶とローマ建設を想
い起こさせるからでもある。

第 3 章

野獣より強い聖人

聖書は狼についてほとんど語っておらず、たんに比喩ないし比較のために15回言及しているにすぎない。博物誌が聖書時代のパレスティナでは狼が現実的に活発に活動していたとしているにもかかわらず、聖書にはその話が本格的に登場していないのである。それだけではない。狼が子どもをふくむ人間にとって真の脅威であったとも記されていない。狼のことは比喩的に扱われているにすぎないのである。たとえば聖書はこう述べている。強欲な人間は目的をとげるためならあらゆる策略をもちいる。羊の皮をまとったり、畜群のなかにまぎれこむため牧人に化けたりすることも躊躇しない（『マタイによる福音書』7・15【「偽預言者を警戒しなさい。彼らは羊の衣を身にまとってあなたがたのところに来るが、その内側は貪欲な狼である」】）。つまり、狼は主の羊たちの心をより巧みにとらえたり、真の道から遠ざけたりするために化ける偽預言者のイメージとなっている。小羊の敵であると同時に、神の敵でもあるとい

うのだ。「狼は小羊と共に宿り」（『イザヤ書』11・6）、「狼と小羊は共に草を」（同、65・25）食む。そうであるかぎり、平和はメシアが到来するときしか地上にもどらない…。狼にかんする聖書の言及はこの程度である。

これに対し、教父たちや中世初期の著作家たちは狼についてより多くを語っており、あきらかにこれにより不安な思いをいだいていた。そこではもはや狼は比喩などではなく、肉と血をもつ生き物、そして人間を襲い、さらい、あるいは殺したりむさぼったりするより如実な脅威としてあった。彼らの著作を読めば、農村生活ではまさにそうした狼の災禍こそが日々の危険の一部であったことがわかる。5世紀のアウグスティヌスやカロリング朝のラバン・マウル【776－856】などの著作家は、狼を万物のなかで最悪の動物としている。不潔で邪悪、暴力的、残酷、そして血を好むというのである。こうして彼らは狼について全体的に負性のイメージをつくりあげ、それがと

病の狼に聖体を授ける聖職者

　1185－88年頃にジラール・ド・ガル【ギラルドゥス・カンブレンシス。1146頃－1220／23。ウェールズ（ガル）出身の教会史家】が編んだ『アイルランド地誌（トポグラフィア・ヒベルニエ）』は、アイルランドにかんする記述としては今日まで残っている最古の書である。プランタジネット家のヘンリー2世【初代イングランド王在位1154－89】によるこの島の征服後に書かれたもので、著者はそこで島の地理や歴史、さらに物語や伝承を語っている。その数章は狼男——たとえばオソリ司教区【ダブリン大司教区】の——について言及している。それによれば、ある聖職者が狼の番に遭遇したという。だが、2匹の狼はなんら攻撃的ではなく、自分たちは善良なキリスト教徒だが、呪いによって狼に変身させられ、7年間その姿のままでいなければならないと語った。そして、雄狼は病んだ雌狼に聖体を授けてくれるよう、聖職者に請うたともいう。

ジラール・ド・ガル『アイルランド地誌』、英語写本、1220年頃。ロンドン、大英図書館、MS Royal 13 B, VIII, folio 18.

きに21世紀にまで受け継がれることになる。このイメージはギリシア神話での狼のイメージ、すなわち家畜しか襲わず、神々の眷属や人間の守護者というイメージからはかなりかけ離れている。たしかに脅威ではあるものの、多少とも具体性が希薄な聖書の狼像からも遠い。こうした貪欲でおそろしい、そしてきわめてよこしまという狼のイメージは、4世紀から10世紀にかけて生まれたはずだが、では、この変容はなぜ生まれたのか。

　それにかんしてはいくつか仮説がたてられるだろう。まず、古代世界の狼は、北方を出自とするより大きく、より攻撃的で獰猛な狼とは異なっているとする説である。もうひとつの説は、狂犬病が西洋で猛威をふるっていた期間が長かったため、それによって狼たちの行動が変化し、より危険なものになったとする。最後の説はおそらくもっとも重要で、それによれば、人間の環境に対するコントロールが、ギリシア＝ローマ世界ほどうまくいかなかったためだという。5世紀から10世紀にかけて気候が変動して飢餓や疫病が増し、人口も減り、耕作地の大部分が荒廃し、林や森、荒地が増加した。その結果、野生動物も飢えをおぼえ、村の周囲を徘徊して、人間界により近く、より脅威的なものとなった。狼に対するこうした新たな、だが如実な不安や怖れ

は人間の態度や考えを変えた。狼に向けられた視線が一変したのである。物理的かつ象徴的にかならず闘わなければならない死をもたらす生き物。これが狼のイメージとなったのだ。

　この闘いのため、さまざまな手段がもちいられた。王侯たちは狩狼官を設け、領主たちは狩り出しを組織した。つまり、いたるところで狼を最大限退治する努力がなされたのである。大部分が聖職者からなる著作家たちは、狼を悪魔の豊富な動物誌に入れ、これによって狼は熊やカラス、雄山羊、カエル、猫などと同列に置かれ、悪魔の【眷属として】特権的な地位を占めるようになった。そして、数多くの悪、とりわけ奸計や強欲、残酷さ、貪食などが狼に割りあてられた。中世初期の大部分の聖職者にとって、狼はなによりも大きな歯をもつ口であり、この口は地獄の穴ないし入り口にほかならなかった。

　それゆえ、聖人伝は聖人たちがどれほど粗野で狂暴な野獣よりもつねに強いということを、信者たちに納得させ、示そうと腐心した。しばしば説教でくりかえし引用されたこれらの聖人伝は、しかじかの聖人がいかにして狼を屈服させて従順な生き物にし、さらに狼が盗んだものを返させ、あるいはまた、いかにして狼を忠実な下僕にし、困難な道の案内者な

狼にさらわれる聖ウスタシュの息子

シャルトルのノートル＝ダム司教座聖堂のもっとも美しいステンドグラスの1枚には、聖ウスタシュの悲しい話が描かれている。殺めようとした鹿の角のあいだに十字架が現れてキリスト教に改宗した彼は、エジプトに逃げなければならなかった。だが、海賊に捕まって妻と離され、自分は奴隷として売られる。息子ふたりとなんとか脱出するが、川を渡る際に息子たちを見失ってしまう。ひとりはライオン、ひとりは狼にさらわれてしまったのだ。やがて数多くの試練をのりこえ、家族はふたたびいっしょになる。しかし、ウスタシュは熾火の上に置かれた灼熱の牛のなかに閉じこめられ、殉教したという【118年頃)】。

シャルトル、ノートル＝ダム司教座聖堂ステンドガラス、窓48、メダイヨン11、1210年頃。

聖ウスタシュの息子たちをさらう狼とライオン

シャルトル司教座聖堂のステンドグラスのうち、東側のこの2枚のメダイヨンにもまた、前ページと同じ物語がみられる。おそろしい口をあけたライオンと狼が獲物をくわえたまま川の両側に逃げようとしているのである。狼はアガピオス、ライオンはテオピストスをつれさる。ウスタシュの手の所作は、絶望と降伏を象徴する。聖人はこうして神が自分にくだした試練を受け入れているのである。

ヤコブス・デ・ウォラギネ【1230頃－98】『黄金伝説』【1267年頃】、1348年のパリの写本、パリ国立図書館、ms.français, 241, folio 288 verso.

狼を従順にさせる聖ブレーズ

セバステイス【トルコ・カッパドギア北東】の司教だったブレーズ【医師でもあった彼は、316年、カッパドギア総督の命でアルメニアで殉教したとされる】は、生前に数多くの奇跡をおこしたとされる。ここでは貧しい寡婦から唯一の財産である豚を盗んだ狼に対し、それを返すよう命じている。この図像にはロウソクが1本描かれているが、それは聖人の祝日が2月3日、すなわちロウソクの大祭（主の奉献の祝日）の翌日にあたることを想い起こさせる。

ヴァンサン・ド・ボーヴェ【1184／94－1264。ドミニコ会士】『歴史の鏡』（ジャン・ド・ヴィニェ訳）、1345－50年頃の彩色写本。パリ、アルスナル図書館、ms 5080, folio 230 verso.

聖ルー

　聖ジェルマン・ドーセールの宣教仲間で、のちにトロワ司教となったルー（395－479）は、町をアッティラ王【在位434－453】率いるフン族から勇敢に守り、さらに司教区で数多くの奇跡、とくに快癒奇跡をおこなったことで知られる。その名声と信仰はガリア【現在のフランスと北イタリアなどの一部をふくむ】全域に広まり、アルモリカ【ブルターニュの古称】では、偉大な聖人エルヴェ【568頃没。吟唱詩人を父として生まれ、おもにブルターニュで活動した聖職者。ランワルノーの修道院建立者】同様、狼や野獣の害からのがれるため、その名が唱えられた【本文p.48参照】。

ランルー（ブルターニュ地方コート・ダルモル）、サン＝ルー教会、1720－40年に作成された木彫。

いし忠実な同行者にしたかを語っている。

　たとえば聖ノルベルト【1080頃‐1134。遍歴聖職者からマクデブルク大司教となった聖人。1120年頃、北仏のプレモントレに律修参事会員の修道会——その修道服の色から「白い修道会」とよばれる——を創設したことで知られる】は、プレモントレ修道会の畜群の見張りに狼を用いた。この狼が咽喉をかみきって羊群の番犬を殺したため、聖人の命でその代役をつとめなければならなったという。また、聖マロ【520頃‐625。ウェールズ出身の聖職者。ブルターニュ地方の港町サン＝マロは彼が建設したとされる】がロバの背に荷を積んで旅に出た際、狼がそのロバをむさぼってしまった。そこで聖人は哀れなロバのかわりに、狼に荷を運ばせたという（同じ北仏のアルトワやポンティュー地方でも、同様の話が聖女オストルベルト【630‐704。パヴィイ女子修道院創設者・院長】について語られている）。さらに、南仏のコンタ・ヴネサン一帯で非常に人気のある聖ジャン・デュ・ボーセ【1104‐27。苦行隠修士】は、農作業をしていたある日、突然飛び出してきた狼に、犂をひいていた雄牛が殺されてしまった。そこで聖人は雄牛のかわりに狼に犂をひくよう命じたという。これと同じ話は、ほかの聖人伝にもみられる（ときには野獣が狼ではなく、熊の場合もある）。

聖フランシスコ（フランチェスコ）とグッビオの狼

　人間と同様、動物たちもまた「神の子どもたち」なのか。この問題を、神学者たちは中世をとおして議論した。だが、フランシスコ会士たち、とくにアッシジの聖フランシスコにとって、答えは肯定的なものだった。さらに、ある伝承によれば、フランシスコはイエスと同様、家畜小屋で生まれたという。彼は小鳥たちに説教し、どれほどおそろしい動物でも従わせたともいう。この壁画は、グッビオの町をおびえさせていた狼が、これを「兄弟の狼」とよぶ聖人によっていかに馴致され、聖人と契約を結んだかを描いている。以後、狼は悪事をやめ、町の住民たちから食べ物をあたえられた。そして、しだいに町のマスコットになるのだった。

聖フランシスコを描いたクリストフォロ・ディ・ピノッキオの壁画、1370‐80年。サン・フランチェスコ教会、ピエンツァ（トスカーナ州）。

　さらに例をあげれば、雌鹿を狼の魔の手から救った聖ローメルや、貧しい寡婦からその唯一の財産である豚を盗んだ狼に、それを寡婦に返すよう命じた聖ブレーズの伝承がある。とくに注目したいのは、ブルターニュ地方の数多くの教会でその彫像を目にする聖エルヴェである。伝承によれば、盲目だったこの聖人は、案内役だった犬を殺した狼にその代役を命じた。すると狼はそれを受け入れて聖人に従い、友になったという。こうした話は、ほかの物語同様、全ヨーロッパに数多くあり、いかにして神と聖人たちが

つねに悪魔やその被造物に勝利するかを示している。

一方、シャンパーニュ地方トロワの司教だった聖ルー（479没）の場合は多少話が異なっている。聖ジェルマン・ドーセール【380 – 448。ローマの役人だったが、のちにオーセールやブルターニュ地方のキリスト教化につくした】の仲間で、イングランドの宣教者だったが、フン族のアッティラ王【在位434 – 453】の捕虜になった彼の名は、フランス語で狼をさす語（loup）と同じだった。彼のかつての異名であるLupus【字義は「狼」】は、じつはキリスト教初期にかなり流行していたローマの洗礼名であり、聖人伝は古くからこの聖人と獣の同形異義をもちいて、前者を悪の力に対する勝利者にしたのである。すなわち、聖ルーは「神の懲罰」を異名とするアッティラに抵抗し、おそろしい野獣とトロワを脅かした巨大なドラゴンを退治したとするのだ。おそらくこの聖人はまた数多くの奇跡を起こしてもいる。その名前や信仰、さらに祝日（7月29日）は、シャンパーニュ地方全域のみならず、それ以外の地においても、狼が怒り狂ったりしないよう、これを崇める異教のさまざまな儀礼や儀式をキリスト教化するうえで役立った。ここでもまた聖人は獣より強いことを明らかにしたのである。

しかし、中世の動物誌でもっとも有名な狼の話は、イタリア中部ウンブリア地方のグッビオに残っている。貪欲で素行が悪く、とりわけ残酷で町とその一帯を恐怖におとしいれていた巨大な狼である。この災厄の噂を聞きつけたアッシジの聖フランシスコ（1181 – 1226）は、これと対峙し、説教した。そして、彼は相手を「兄弟の狼」とよび、悪事がひもじさゆえの行動だと認めつつ、狼をいさめた。それから聖人は狼に素行をあらため、グッビオの住民たちと仲なおりするよう命じた。そうすれば、住民たちから食べ物をもらえるとも確約した。すると、狼は大きな口を閉じ、頭をたれて聖人の前に額づき、服従することをわかってもらった。契約は守られ、グッビオの人々は定期的に狼に食料をあたえ、やがて狼は彼らと親しく交わりながら生き、町の守護獣になった。狼が老衰で死ぬと、すべての住民たちが涙を流したという。

狼を殺す、悪魔に見立てる、馴致する。こうしたことは野獣と闘い、野獣がもたらす恐怖心を抑えるための――どこまで立証されるかはさておき――中世の最初の戦略だった。だが、それだけでは不十分だった。封建時代に入ると、聖職者たちが野獣のおそろしさと脅威を減らすため、別の方法に訴えるようになる。愚弄し、辱め、嘲笑するという方法である。

まさにそれこそが動物たちの寓話や物語
の役割にほかならなかった。その端的な
事例が、後述する『狐物語』である。

第4章

動物誌のなかの狼

　中世にはとくに動物たちにかんする書が大量に編まれた。動物百科や狩猟論、寓話集、獣医たちの著作、農学・養魚・乗馬入門書などである。しかし、これらの分野では先駆的なものも、真に独創的なものもない。ギリシア＝ローマ世界がすでにこの種の書を、ときに豊富に生み出しているからである。反対に、中世固有の、そして12世紀と13世紀に、おもにフランスとイングランドで大きな成功をおさめた一連の著作は存在している。「動物誌」である。ただ、これら興味深い「獣たちの書」はさまざまな動物種について語っているが、それは多様な動物たちを研究したり調べたりするためではなく、これを具体的な意味の素材として、そこから道徳的・宗教的な教訓をひきだすためのものだった。

　それゆえラテン語や土着の言語で書かれたこれらの動物誌は、すくなくともわれわれが理解しているような意味での博物学ないし自然史の論考ではなく、神やイエス、聖母、そしてとくに悪魔や悪霊、さらに罪深い人間のことをよりよく語るために動物たちについて語る書といえる。そのため、著作者たち——大部分が匿名——は聖書や教父、および権威をもつ何人かの著作家、たとえばアリストテレスやプリニウス、アリアノス【2世紀。ローマのギリシア人政治家・歴史家で、アレクサンドロス大王の事績をまとめた『アレクサンドロス東征記』の著者】、セビリャのイシドールス【560頃 – 636。神学者・セビリャ大司教で、全20巻の中世最初の百科事典『語源』の編者】に依拠している。12世紀からは、動物誌の影響が数多くの分野にみられるようになる。説教、文学、彩色・彫刻による図像表現、『狐物語』【詳細は檜枝陽一郎編訳『狼の叙事詩』、言叢社、2012年ほか参照】をはじめとする物語や寓話、俚諺、紋章などである。

　すべての動物誌では、狼はよこしまで狡猾かつ残酷な動物となっている。主人の悪魔にならって、策謀にもたけている。たとえば、狼は犬たちがその跡を追えないよう、つねに風下へ移動する。仲間が

羊たちの囲い地に現れた狼

封建時代の広大な開墾地は村や農場の狼たちをひきつけ、それにかんする多少とも事実にもとづいたさまざまな噂話が駆けまわった。たとえば、狼はほかのいかなる食べ物より人間の肉、とくに子どもの肉を好むといったものである。そのため、農民たちはしばしば狼狩りをおこなった。そこでこの野獣たちは羊を狙った。夜、彼らは足音を立てずに、羊たちが草を食んでいる囲い地に近づき、そこに入りこむ手段を探した。そして、首尾がうまくいけば、狼はとりわけ貪欲で血を好む本性をむき出しにする。

『ラテン語動物誌』、イングランドの彩色写本（ダラム？）、1200－1210年頃。ロンドン、大英図書館、MS Royal 12 C. XIX, folio 19.

いない場合は、鼻先に脚をあてがって吠え、群れがそこにいるように思わせたりもする。犬と同様、狼もまた怒り狂い、12世紀のイングランドの著作家によれば、そのかみ傷は、カエルを好んで食べるために毒をふくんでいるという。だが、狼が好きな餌は子羊である。それを手に入れるため、狼は策略を弄する。羊の皮で背をおおい、そのいで立ちのまま羊の囲い地に入りこみ、もっとも柔らかそうな雌の子羊を奪いさる。なにも食べるものがないときは、空気と風でがまんする。ただ、空腹も極限になると、貪欲さゆえになんのためらいもなしに幼いわが子たちの食料を盗み、ときにはわが子さえむさぼってしまう。しかし、狼は動物の肉よりも人間の肉を好む。子ども、とくに『赤頭巾ちゃん』——その最古の版は1000年頃のリエージュ地方【ベルギー東部】で確認されている——の物語にあるように、少女たちに目がないという。

　飢えた狼はおそろしい獣に変身する。満腹になると、臆病ないし怠惰になる。狼はまた楽しみのために悪をおこなったりもする。子羊ないし子牛を手に入れると、それを苦しめてから解体し、骨といっしょに肉をむさぼるというのだ。これは、人間や修道士たちをさいなんでから地獄の入り口に送りこむ悪魔の所業と似ている。獰猛で残酷な狼は、つねに腹を満たすのに必要な量以上の獲物を殺す。まさにそれは、必要でもないのに、純然たる所有欲によって、農民からもてるものすべてをむしりとる捕食領主たちを想い起こさせる。

　何人かの著作家はまた、狼の声がおそろしく、夜ともなれば、その目がさながらロウソクのように光り輝くとも付言している。たしかに狼の視力はきわめて発達しており、強力な武器となる。すべての動物誌は人間と狼が出会った際に何が起きたかを好んで語っているが、狼が最初に人間を見ると、人間は言葉を失って体が麻痺し、自分を守れずに、咽喉をかみちぎられてしまう。反対に、最初に人間が狼を見た場合、後者は力と攻撃性を失い、踵を返して逃げ出すというのである。

　狼の身体的特徴もまた同様の信仰を生んでいる。頸が狭くじょうぶなため、全身を動かさなければふり向くことができない。それはほかの動物、とくにその強大な敵である熊と闘う際にハンディキャップとなる。それゆえ、熊は単独でも20ないし30匹の狼群を相手にできる。13世紀のドミニコ会士トマ・ド・カンタンプレ【ラテン語名トマス・カンティプラタヌス・ブラバトゥス。1207 – 72。ブリュッセル生まれの神学者・聖人伝作者でもあり、主著に『物事の本質の書』（1237 – 40年）など

がある】は、狼の脳が月とともに大きくなったり小さくなったりすると主張している。そのため、夜にはあれこれ策略をめぐらせるのに、昼間はより無防備で、弱々しくなる。狼を狩るのはまさにこのときだという。ただ、その肉は食べられず、毛皮もまたほとんど価値がない。害虫が巣くっているからである。しかし、曲がって鋭い犬歯は護符として身につければ、大いに威力を発揮する。狼の骨の上を歩けば、ロバだろうと牛・馬だろうと身体が麻痺する。その尻尾もさまざまな利点をおびている。狼が後ろ脚で立ち、均衡を保つのに役立つからである。そうした姿勢をとるときの狼はおそろしい。それゆえ、尾を切ってしまえば、無害となる。この尾はしばしば戦利品ないし護符となるため、狩り出しの際、一部の狼は猟犬を避けるため、みずから尾を断ち切って逃走するという。

狼の策略

　狼はたんに貪欲で残酷なだけではなく、策略家でもある。中世の動物誌は、羊たちの囲い地に入りこもうとするための策略をあれこれ列挙している。雌羊ないし羊飼いの鳴き声をまねる、雄羊や子羊に化ける、口ないし鼻の前に脚をあてがってうなり声を増幅させ、そこに群れがいると信じさせる、といったようにである。それは弱く臆病な修道士や人間の魂を奪いとるため、さまざまな策を弄する悪魔に似ている。

『ラテン語動物誌』、イングランドの彩色写本、1260－1265年 頃。パリ、国立図書館、ms. latin3630, folio 80 verso.

狼と雌子羊

　こと狼にかんするかぎり、百科全書と動物誌にはほぼ同様の記述がみられる。強奪で生きる肉食動物だというのである。好む獲物は子羊、とくに雌子羊。その柔らかく無垢な肉が、食欲をとぎすまさせ、残忍さを助長させるからである。この彩色写本で、作者は野獣の黒ずんだ皮と獲物の白く無垢な毛を対比させている。

ヤーコブ・ファン・マールラント『自然の魅惑について』『自然の書』とも。初版1266年頃。マールラント（1230／40頃−88頃）はブルッヘ生まれの作家で、「ネーデルランド文学の父」とよばれる】、フランドルの彩色写本、1345−50年頃。ハーグ、王立図書館、MS KA 16, folio 62.

狼の医術

　古典期から18世紀まで、狼は動物に由来する薬剤の中心的な存在だった。その解剖学的な部位のすべてが薬効をおびているとみなされていた。脂肪と胆汁は万能薬になり、乾燥させて粉末状にした肝臓もまた、ほとんどの病を治す。排泄物を目の上に置けば視力が改善し、腸を帯がわりに腰に巻けば、下痢の症状を軽くする。さらに、心臓は気力をあたえ、陰茎の端を料理にもちいれば生殖能力と多産がうながされる。提唱されたこうした処方の大部分は、それぞれの病を治すだけでなく、狼固有の特性を得させるともされた。柔軟さや迅速さ、耐久力、気力、性的活力、鋭敏な視力などである。

セクストゥス・プラキトゥス【4世紀。古代ローマの医師】『動物医薬論』、英語版彩色写本、1180−1200年頃。オックスフォード大学ボードリアン図書館、MS Ashmole 1462, folio 52 verso.

一部の動物誌によれば、狼は父狼が生きているかぎり子をもうけることができず、雌狼もまた母狼が存命中は出産しないという。一部の地域で狼が他所より少ないのはそのためであり、生きていても多くが年老いているからだともいう。さらに別のテクストは、狼は幼いわが子を守るため、巣から遠いところで狩りをするとしている。だからこそ、狼は生息地以外の地で数多くみられるとする。中世末の象徴体系は、狼の行動様式のうちにこうした節度をみている。それは奸計や暴力、残忍、獰猛、強欲、吝嗇などの象徴である狼の唯一の徳性にほかならない。

通俗語で編まれた動物誌は、13世紀に比較的数を増している。それらはしばしば散文より韻文を好んでもちいているが、ラテン語の動物誌とは内容的にほとんど変わりがない。唯一原典からの書き起こしで、かなりの成功をおさめたフランス語版は、碩学の聖職者で稀覯書収集家でもあったリシャール・ド・フルニヴァル【1201 - 60。医師・錬金術師・詩人で、アミアンの司教区尚書担当司祭をつとめた】による。蔵書がソルボンヌ図書館の最古の中心的な収蔵書となっている彼の仕事は、まさにあらゆるジャンルにわたるが、動物たちとその象徴体系については、彼は13世紀中葉にまったく新しい動物誌を編んでいる。『愛の動物誌』【とりあげられた動物は60種】である。彼はそこでそれぞれの動物に伝統的に割りあてられた「特性」にもとづいて、倫理的ないし宗教的な教訓をひきだすだけでなく、愛やその戦術にかんする考察もおこなっている。いかにして貴婦人を籠絡するか、いかにして彼女の愛をつなぎとめるか、そのために犯してはいけない誤りはなにか。さらに、それとは逆に、貴婦人の魅力にいかにして抗するか、彼女の気まぐれの犠牲にならないためにはどうするか。

フルニヴァルはまた、それぞれの動物のそれぞれの「特性」を、人間の男女のひとつないし複数の愛の行動と対応させている。13世紀中葉に流行した宮廷風の決疑論がそこではかなり遠くまで押し出されており、たとえばある一文は愛された女性を狼（！）と比べ、ラテン語の動物誌が狼の眼差しについて語っていることを想起しながら、愛の勝利を得るには、決して最初に告白してはならないとも強調する。そして、著者はそうした自分の考えを貴婦人に向け、こう言うのである。

自分が人間を見る前に人間から見られると、狼はすべての力と勇気を失う。これが狼の本性です。反対に、最初に狼が人間を見れば、後者は声を失い、ひとことも発せられなくなります。

子羊が囮になるとき

ガストン・フェビュス【1331－91。領主・作家・詩人】の『狩猟の書』【1387－89年】には、「狼を捕まえるため」のやり方が数通り紹介されている。ロープや罠、落とし穴などをもちいる方法だが、

この挿画では柵が描かれている。柵をらせん状に立てて、中央部に囮の餌、すなわち生きた子羊と肉片が置かれている。子羊の鳴き声と肉片の匂いに引きよせられた狼は、入口からなかに

入ったものの、意に反して迷路になかに閉じこめられてしまう。こうして罠にかかった狼は、柵があまりにも高すぎて、脱出することができない。

フォワ伯ガストン3世、通称ガストン・フェビュス『狩猟の書』、パリの彩色写本、1400年頃。パリ、国立図書館、ms.français 616, folio 110.

こうした特性は男女の愛にもみられる。ふたりにあいだに愛が芽生え、男が女性自身の態度から自分が愛されていると最初に気づいたような場合、彼はかなり巧みに立ちまわって、彼女に自分への愛を告白させます。そうなれば、彼女は彼の愛をこばめなくなります。ただ、不幸なことに、わたしはあなたの感情がいかなるものかを知る前に、自分の心の奥底をあなたに明らかにすることをがまんしたり、押し隠したりすることができなかった。そのため、あなたはわたしを避け、わたしにあなたの愛を向けてくれるのをこばんだ。わたしは最初に見られ、狼のように、声を失ってしまったのです。

これが狼についての動物誌の語りである。たしかにいくつかの点でこうした語りはほほえましいものであり、誇張とまではいえないまでも、すくなくともとっぴなものにも思える。だが、それはまちがいである。これら動物誌の著者たちは中世人であり、現代人ではなかからだ。おそらく現代のどれほどすぐれた動物学者の学問的な主張でも、4ないし5世紀後には一部ながら笑いの対象となるだろう。まさにこれこそが信条と知の歴史なのである。

p. 60－61

狼との遭遇

人間が狼と遭遇した際には、2通りのことがみられる。もし人間が最初に狼を見れば、後者は退散する（図版左側）。反対に最初に狼が人間を見れば、後者は身体が麻痺したまで、狼にむさぼられる（図版右側）。これについては中世のすべての動物誌が一致して言及しているが、それはすでに古代の著作家たちが指摘している。プリニウスやアリアノス、ソリヌス【400頃没。文法家で、プリニウスの『博物誌』に影響された『世界の奇談』を著わしている】などである。狼は視力や眼差しと特殊な関係をたもつ動物といえる。

リシャール・ド・フルニヴァル『愛の動物誌』、13世紀末のパリ写本。パリ、国立図書館、ms. Français 1951, folio 3 verso.

第 5 章

イザングラン
——笑いのための狼？

　碩学たちは「狐物語」(Roman de Renart) という呼称をひとつのテクストではなく、多少とも独立し、それぞれ長さが不ぞろいな27篇の詩全体にあえてきた。これらの詩は武勲詩や宮廷小説をパロディ化した口調で、ルナールという名の悪賢く、けんか好きな狐の冒険を語っている。いずれも 8 音綴からなる詩で、主たるエピソードといくつかの副次的なエピソードのいわば「枝編」を構成する。そのうちで最古のものは1174年から1205年にかけて文字化され、首尾一貫した核を形づくっている。ほかの詩はより統一性を欠いており、13世紀前葉に編まれた。このふたつのサイクルに属する作品群は、連続する 2 世代に属する20人あまりの聖職者によって書かれたものだが、ルナールを狼のイザングラン（イセングリムス）と対峙させ、両者をとり囲む動物たちの比較的安定した性格もまた共通している。

　これら動物たちは、人間社会にならって組織された真の社会を形成してい

る。それぞれの種は、身体的特徴ないし伝統的な象徴体系とのかかわりで選ばれた固有の名前をもつ個体によって代表される。たとえば、ノーブル【字義は「高貴な」】はライオン、ブラン【褐色の】は熊、シャントクレ【「歌」（シャン）からの造語】は雄鶏、ブリュイヤン【「騒々しい」】は雄牛といったように、である。雌狼エルサン（エルムサンド）の夫イザングランは、国王軍の隊長。ゲルマン語に由来するこの名前の解釈はむずかしいが、あるいは「鉄兜」ないし「残酷な仮面」のことかもしれない。ノーブル王と王妃のまわりで男爵や家臣たち全員が行動し、一部は職務を遂行する。そこでは狼が大元帥、熊が礼拝堂付き司祭、猪が大法官、鹿が元帥、サルが道化という役まわりである。彼らは動物としての特性をたもちつつ、全員が人間のように立ちまわり、話す。

　これら登場人物を描く作者たちの偉大な芸術的手腕は、動物たちの特徴やそれぞれの性格、さらに人間的な立ち居ふる

まいを巧みに混淆させたところにみてとれる。たとえば王は威厳があって堂々としており、寛容でもあるが、怒りやすく、単純、王妃のマダム・フィエール【字義は「尊大夫人」】はうやうやしく所作も美しいが、滑稽なまでに傲慢である。熊は鈍重で多弁かつ大食漢。そして、つねにルナールの犠牲となる雄狼には、荒々しい力と愚かしさが共存している。この狼に狐がしかける悪戯は、身体的な力に対する復讐である。一方、雌狼はつつしみとはまるで無縁。移り気で淫奔、そして卑猥でもある。狐に籠絡されて屈辱をあたえられ、凌辱されたふりをする。

ルナールはほかの動物たちよりつねに抜け目がない。ときにより弱い動物たちから敗北を味あわされることがあっても、より強い相手にはつねに勝利する。策略家で良心のとがめをおぼえない彼は、古代の寓話や12・13世紀の大部分の動物誌、あるいは百科事典に描かれた狐のイメージそのものである。

前述したように、こうした『狐物語』のさまざまな枝編は聖職者たちによって書かれてはいるが、そこにみられる想像力は聖職的ないし修道院的というより、むしろ世俗的・農村的なものといえる。それらが提唱する動物誌は教会や修道院、ましてや都会のものとは裏腹で、書物から得た知識によって吟味・補完された村や田園地帯のものなのである。それゆえにこそ、この物語は動物誌や動物学ないし神学とはかなり異なる情報を、動物たちの文化史にもたらしている。

その点で興味深いのは狼の事例である。ラテン語の動物誌や百科事典と同様、解釈学や宗教的な象徴体系にとって、狼はすでにみておいたように人間を脅かし、むさぼる恐しい動物である。しかし、『狐物語』では、狼のイザングランは愚かで滑稽な存在となっており、怒りと恨みで分別を失い、狐がしかける罠につねにはまってしまう。辱められ、だまされ、めった打ちにされ、ときには手足をもぎとられ、皮をはがれ、十字架に架けられる哀れな犠牲者となってもいる。だが、憐れみを得ることはない。つねに愚かしい立場にいるからである。『狐物語』に登場するほとんどの動物と同じように、イザングランもまた同情心をかきたてたりしない。粗暴で暴力的、怒りっぽく、妬みや嫉妬心にかられ、愚鈍なのである。正義はしばしば彼のほうにあるが、だれも彼を愛さず、尊敬したりもしない。妻のエルサンですらそうなのである。それほどまでに彼は醜いのだ。大柄で黒く、肉が落ち、尻尾は細く、毛も少ない。輝く絹のような毛なみとたっぷりとして、全身より長い尾部付属肢といった狐の美しさをもちあわせていない。こ

ノーブル王とその宮廷

『狐物語』に描かれた動物社会は、封建社会の戯画である。そこには国王はもとより、重臣や上流貴族、さらに下級封臣までも登場する。ノーブルと命名されたライオン王は王笏と王冠を身につけ、玉座についている。この挿画では、彼が法廷を開き、数多くの悪事を働いたルナールを裁くため、重臣たちの意見を聞いている。彼の前には狼のイザングラン（大元帥）や雄鹿のブリシュメル（裁判長）、雄ロバのベルナール（大祭司）、雄鶏のシャントクレ、雄牛のブリュイヤン、雄羊のブラン、さらに最後尾には、おそらく狐がその姉妹をむさぼった雌鶏もいる。

『狐物語』、13世紀末の彩色写本（パリないしアラス）。パリ、国立図書館、ms. français 1579, folio1.

ルナールとイザングランの闘い

　イザングランがオジ
だとしても、ルナール
は彼をまるでうやまっ
たりせず、あらゆる奸
計を弄し、ついにはそ
の妻エルサンを犯して
もいる（多少とも合意
の上で）。イザングラ
ンはその償いを要求
し、事態は法的な騎乗
決闘によって決着がは
かられた。そして、こ
の決闘で、ルナール
（図版左）はイザング
ランを傷つける。

ジャクマール・ジエレ
【生没年不詳。北仏リー
ル生まれの詩人】『新ル
ナール』、北仏の彩色写
本、1290－1300年頃。
パリ、国立図書館、ms.
français 1581, folio 6
verso.

　れに対し、ルナールは女たらしである。

　聖書や教父文学、さらに各種の動物誌
に登場する狼に反して、イザングランは
融通がきかない愚か者で、ちょっとした
策略さえたてられない。けっして満腹を
おぼえることがなく、餌を見つけようと
する試みも失敗する。国王軍の隊長であ
りながら、臆病かつ怠惰で、部隊に命令
することもできず、まして攻囲戦に向か
うことなどできるわけもなく、奇妙な戦
いすべてに敗れてしまう。こうした欠陥
にもかかわらず、イザングランにはふた
つの美点があった。主人である国王ノー

ブルに忠実に仕えるということと、家族想いで、ルナールに犯された妻とルナールに「辱められた」わが子たちの名誉を守るということである。ただ、同時代のファブリオーがしばしば言及しているように、イザングランは妻を寝とられた夫なのである。その妻エルサンは色っぽく、しなをつくって気をそそり、浮気性で、ルナールに犯されてはいるが、たとえ自分からそれを望んではいないまでも、多少とも合意があった。

　恐れさせるのではなく笑わせるこうした狼の描き方は、おそらく一見してわか

モーペルテュイの攻囲戦

　数多くの罪を犯したあと、ルナールはその巣穴であり、城でもあったモーペルテュイに逃げこむ。ノーブル王はそこを包囲した。この戦いは彼の3人の強力な直臣貴族が指揮した。国王軍大元帥である狼のイザングラン、一種の副元帥である犬のルーネル、そして狐と同様、いく度となく策略を発揮した猫のティベールである。

　『狐物語』、北仏（ないし北東部）の彩色写本、1320−40年頃。パリ、国立図書館、ms. français 12584, folio 15 verso.

るように、感情的なはけ口というより、むしろなんらかの現実を反映したものだった。思うに、12・13世紀の農村部では、紀元1000年以前より狼への恐怖心が薄れていた。すくなくとも西欧ではそうだった。それがまいもどってくるのは中世末であり、とりわけ近代では、狼は農村生活のたえざる不安要因のひとつだった。事実、その恐怖心は経済的な繁栄や人口増加の時代ではなく、気候的・農業的・社会的な危機の時代と結びついていた。後述する「ジェヴォーダンの獣」【本書第10章参照】の話が中世の真っただなかではなく、18世紀のフランスでささやかれたのは、けっして偶然ではないのである。封建時代のフランス農村部では、とくに悪魔やドラゴン、メスニ・エルカン【ゲルマン神話のシャス・ソヴァージュ（夜猟）に由来する、生者を地獄にさらっていく亡者たちの軍隊。エルカンはアルレッキーノ（アルルカン、ハーレクイン）の原型。詳細は蔵持著『シャリヴァリ——民衆文化の修辞学』（同文館、1991年）参照】、あるいは亡霊がおそれられていたが、狼はほとんど恐怖の対象となってはいなかった。だが、この小康状態は長くは続かなかった。それからすくなくとも2世紀後、恐怖が力を得てまいもどってくるのである。

　歴史家たちは長いあいだ『狐物語』を「民衆文学」とよび、それがフォークロアや口承文芸に由来すると強調してきた。19世紀にフランスとドイツのあいだで愛国主義的な大きな対立が生まれた時期、彼らはこの口承性がゲルマン的な魂とフランス的な精神のいずれを反映しているかで対立し、激しい論争を展開した。今日、専門家たちは『狐物語』のうちに、フォークロアではなく、物語文学や古典作家の作品をまねた寓話、叙事詩、騎士道小説などから借用した知的文学をみることで一致している。通俗語で編まれた最初期の「枝編」は、12世紀前葉に北仏や北東部のムーズ地方、さらにライン地方の聖職者たちによって書かれたラテン語のテクストの衣鉢を継ぎ、これら先行するテクストには、すでに狼と狐の闘いが語られている。最初期のフランス語版にもっとも近いのは、1150年頃

和解する修道士姿のルナールとイザングラン

　ルナールはイザングランといく度となく和解するふりをする。とくに彼が新しい奸計をしかけようとするときがそうである。「毎日ごちそうが食べられる」と言って、イザングランに修道院に入るよう説得したルナールは、それまでみたこともないような偽善を弄して、イザングランと和解の接吻をする。

ジャクマール・ジエレ『新ルナール』、北仏アラスで作成された彩色写本、1285−1300年頃。パリ、国立図書館、ms. français 25566, folio 128.

にフランドルの修道士ニヴァールがヘントで著わした『イセングリムス（イザングラン）』である。そこでは『狐物語』の主たる敵対者たちにすでにその役まわりや呼称、性格があたえられている。だが、主役は狐ではなく、狼である。

　これら先行するテクストと『狐物語』の12世紀に編まれた最古の「枝編」の著者は、おそらく笑わせることを主眼としていた。そこでは叙事詩的なパロディが大きな場所を占め、封建的な習俗が揶揄されている。そして、ルナールは反抗的で好戦的な小領主として登場し、オジであると同時に隣人でもあるイザングラ

ンに本格的な内戦をしかける。ライオンのノーブルは絶対君主ではなく、重臣たちの意見を聞く王である。この重臣たちはそれぞれ城を有し、軍馬にまたがって駆けまわる。さらに、互いに闘い、国務諮問会議に訴訟を起こし、巡礼に出発し、と同時に餌も探す。『狐物語』がなによりも「飢えの物語」だからである。そこではあらゆる動物が飢えており、そのなかでイザングランはおそらくもっとも飢えている。古典であれ、中世ないし近代のものであれ、文学において、狼は飢えた、おそろしいまでに飢えた動物だったのである。

第 6 章

人狼と魔女

　文化史にとって、狼の本性と人間のそ
れを分ける境界は長いあいだ流動的だっ
た。前述したように、中央アジアの一部
の民族は祖先が狼ないし「狼の息子」だ
と自称している【たとえば「蒼き狼」は
モンゴル民族の祖とされ、転じてチンギ
ス・ハンの異名となっており、テュルク神
話に登場する雌狼アセナ（アシナ）はトル
コ民族のトーテム動物とされていた】。ま
た、ギリシア神話には、アルカディアの
残忍な王リュカオンのように、狼に化身
した人間の話が数多くある。さらに北欧
神話の戦士たちは戦場におもむく前、狼
の血を飲み、その肉を食し、その皮をか
ぶって狼そのものとなる。これがウルフ
ヘズナルである。

　こうした変身は中世キリスト教の世界
でもみられ、最初は口頭伝承によって伝
えられ、やがて文字化されて年代記や文
学になった。12世紀から13世紀にかけ
て、いくつかの寓話やレー（韻文の短い
物語）は人狼【狼男。フランス語ではルー
＝ガルー（loup-garou）とするのが一般的】、

つまり狼に変身する男ないし女の話を好
んで語っている。それによれば、この人
狼は夜、とくに満月の夜と冬至直後の夜
に粗暴で殺人的な行動に走り、やがて払
暁にふつうの人間にもどるという。通常、
人狼となった者たちは呪いによる状況的
ないし遺伝的な犠牲者であり、ときには
別の人狼にかまれてそうなった。しかし、
ときにはみずから望んで変身する場合も
あり、それはなんらかの呪わしい目的と
結びついていた。こうした変身は全身な
いし部分的なものだが、狼の身体となっ
ても、しばしば尻尾はなかった。

　このような変身を語るもっとも有名な
レーは、1160 − 70年代に編まれたもの
である。だが、その作者について詳しい
ことはわかっていない。わかっているの
はただ、上流階層の出で、生まれはフラ
ンスだが、イングランドで生活した女性
であり、12本のレーやイソップの作品
をまねた寓話集を編んでいるマリ・ド・
フランス【1160頃 − 1210。フランス語を
はじめて用いた女流詩人。邦訳に『十二の

人狼もしくは狼男

　彩色書簡に描かれたこの狼を思わせる奇妙な生き物は、棍棒と盾で武装しているが、これは封建時代のさまざまなレーに登場するような、きわめて獰猛で危険な狼あるいは狼騎士を表しているのだろうか。図像にかなりはっきりとみられる力強さからすれば、後者の仮説が有力かもしれない。

ボーヴェでもちいられた教皇・司教用典礼定式書。パリの彩色写本、1230−40年頃。ブザンソン市立図書館、ms. 138, folio 50.

恋の物語』（月村辰雄訳、岩波文庫、1988年）がある】が作者のひとりだ、ということだけである。彼女のレー作品である『ビスクラヴレ』は、毎週続けて3夜、人知れず姿を消す領主の話を語っている。その理由を妻に訊かれた彼は、ついに自分が人狼であることを打ち明ける。服を脱いで慎重にこれを隠し、狼に変身して野生の日々を送る。ふたたび服をまとうと、人間の姿にもどる。そう言うのだった。若い小姓に誘惑された妻は、夫を追いはらおうとして服の隠し場所を変えてしまう。こうしてビスクラヴレは狼のままでいなければならなくなり、森のなかをさまよう。1年後、彼は狩人たちに捕まり、国王のもとにつれていかれる。そして、もとの主君である国王の前でうやうやしく頭を下げる。その所作に好奇心をいだいた国王は、この動物を宮廷で保護することにする。やがてビスクラヴレは廷臣全員の仲間となった。

　それからしばらくして、彼の妻と若い愛人が国王を訪問する。それを見た狼は、ふたりにとびかかり、妻の鼻をもぎとってしまう。ふたりに対するそれほどの敵意を怪訝に思った国王は、彼らにことの次第を問いただす。拷問をおそれたふたりは自分たちの悪事を告白し、ビスクラヴレに服を返す。こうして彼は人間の姿に戻ることができた。不倫を働いたふた

p.76−77

アンガマナム島の犬頭人

　古代から何人もの著作家たちは世界のしかじかの地に犬頭人がいると指摘してきた。たとえばクテシアス【前5世紀。古代ギリシアの歴史家・医師】やプリニウス、ソリヌス【前出】は、話すかわりに吠え、野獣たちと同様に狩りをするインドの犬頭人についてこまごまと言及している。13世紀末、マルコ・ポーロはベンガル湾に浮かぶアンガマナム島（アンダマン島）での旅の途中で、これと同類の生き物に出会ったと主張している。「この島のすべての男たちは犬のような頭をしている。目も歯も同様で、顔つきはみな大型の猟犬のように見える。彼らは多量の香料を生産する。また、彼らはきわめて残忍で、よその国にから来た人間を捕らえると食べてしまう」【マルコ・ポーロ『東方見聞録』、月村辰雄・久保田勝一訳、岩波書店、2012年、p.212−213】。こうした記述から、写本装飾師はこれら恐しい人間たちに犬の頭というよりは、むしろ狼の頭をつけて描いた。

マルコ・ポーロ『世界の記述もしくは驚異の書』【『東方見聞録』】。パリの彩色写本、1410−12年。パリ、国立図書館、ms. français 2810, folio 76 verso.

りは追放されて結婚し、妻は鼻のない子どもたちを生むようになる…

　それにしても、なぜビスクラヴレが毎週数夜人狼となるのか、なぜ同類の狼たちのように悪事を働いていないのか。この疑問について、マリ・ド・フランスはなにも語っていない。ただ、人狼がつねに地獄の存在であることはまちがいない。彼女はまたガルー（garou, warou）の意

サバト（魔女集会）におもむく魔女

　サバトにおもむくため、男女の魔女たちは箒にまたがって空を飛ぶだけではなく、悪魔の眷属であるさまざまな動物、たとえば狼や熊、雄牛、猫、猪、さらに合成怪物やあらゆる種類のドラゴンを乗り物とした。

最古の印刷・挿画入り悪魔論であるウルリヒ・モリトール【1442頃－1507】の『魔女と女予言者について』所収木版画。コンスタンツ、1489年。

　味にかんしても説明していない【古くはgarouは古フランク語のwarwolf（＜古英語werewolf「男狼」）に由来するgarulfと表記された（wとgは子音交替）】。これは彼女の読者一般なら知っていたと思われるが、その語源についてはいまも議論の的となっている。さらにビスクラヴレ（Bisclavret）【字義は「人狼」】という名前をなぜ選んだかにかんする説明もない。おそらく語源は地方語、つまりブルトン方言かアンジュー方言にあるだろう。

子どもをむさぼる人狼

　妖術事件同様、人狼の存在を確信したり、これを狩ったりすることは、中世よりむしろ近代に広くみられた。それゆえ、彼らの悪事を描いた版画（ここでは人狼が一家を襲っている）は、中世の装飾写本画よりはるかに多かった。さまざまな書物の挿画ないし版画に描かれた人狼図は、プロテスタントとカトリックをとわず、ヨーロッパ社会に流布された。

ルーカス・クラナッハ（父）【1472−1553】作木版画「人狼」、1512年。

　ともあれ、15 - 16世紀になると、garouという語は文学作品に限定されなくなる。神学者や異端審問官、世俗ないし聖職者の裁判官がもちいるようになったのだ。当時のヨーロッパは、教会や信者たちに反対すると思われた魔術師やその陰謀の隆盛と向きあってもいた。

　事実、通説とは反対に、妖術事件は中世よりむしろ近代のほうが多かった。ヨーロッパのいわゆる魔女狩りは1430年頃にはじまり、以後3世紀のあいだ続けられた。やがてこの非正統派排斥の高まりに後押しされた教会は、いたるところで異端や悪魔崇拝者、さらに数多くの

人狼をふくむあらゆる種類の逸脱者を迫害するようになる。たとえば悪魔学の手引書は、いかにして人間の姿をした人狼たちを見分けるかを説明しているが、それによれば、大家族のなかで成長した私生児がしばしば人狼になるという。彼ら

怒り狂った狼に襲われる旅人

　さまざまな版画のなかで、素朴な狂狼と真の人狼を見きわめるのはかならずしも容易なことではない。ただ、後者は尻尾がないか、あるいはそれが狼よりはるかに短いことによって見分けられる。それゆえ、この版画に描かれているのは、おそらく狼と思われる。

ハンス・ヴァイディッツ【1475−1516】の木版画「旅の危険」。ストラスブール、1515−16年頃。

が細心に隠す手の親指は太くて短く、眉は非常に毛深く、集まれば額全体を横切る線となる。一部の人狼はまた手足や顔

全体、さらに頸が分厚い毛衣におおわれている。声はしわがれており、多くがほとんどの狼や、彼らが魂を売った悪魔自

身のように跛行する。サタンは彼らに狼に変身する能力をあたえ、あらゆる罪を働いたり、とくに雌狼と交わって、大いなる肉欲の快楽を味わったり、夜、子どもたちをさらってその肉をむさぼったりできるようにするともいう。そんな彼らの一部は魔女（魔男）であり、みずから変身用の水薬や軟膏を作る。その素材には一般に殺されたばかりの雄狼の体液ないし器官を使う。体毛、歯、肉、骨、尾、耳、心臓、肝臓、血、尿、唾、脂肪、精液などで、さらに排泄物すらもちいる。狼が獰猛で血を好む人狼に変身するうえで、これらすべてが貴重なものとなる。

　近代、狼は悪魔的な動物誌や妖術的犯罪のスターの一翼を担った。それは中世にはほとんどなかったことである。こうして狼は、サバトのスターである雄牛や、まがまがしい凶兆のカラス、穢れて不純かつ淫乱な生き物である犬などをはじめとする、サタン的とされた動物たちの長いリストに組みこまれることになる。このリストにはさらにさまざまな動物、すなわち夜行性（猫、フクロウ、コウモリ）や不気味な形状（トカゲ、蛇）の生き物、あるいは合成怪物（バシリコス【一瞥だけで人を殺すとされた神話上の爬虫類】、ドラゴン）がくわわる。魔女裁判【異端審問】の記録文書や悪魔論は、これらすべての獣がサ

タンの手先として多少とも犯罪にかかわっていたとしている。狼は、毎週木曜日から金曜日にかけての夜、サバトが催される四辻や森におもむく魔女たちが好んだ乗り物だという。魔女たちはこの野獣にまたがるか、その尾をつかんだまま等に乗って運んでもらった。一部の魔女は狼の膀胱でつくった靴下留めを身につけ、ギリシア神話に登場する冥界の神ハデスを思わせる悪魔は、マントがわりに狼の毛皮をまとった。この毛皮はあらゆる変身を可能にし、性的な力と無敵の力をあたえてくれるというのだった。

　サバトは裏返されたミサないし反ミサとしてあり、そこではキリスト教の典礼における所作と言葉がパロディ化され、けなされた。聖なる子羊【イエス・キリスト】への崇拝が、嗅覚と触覚、つまり悪臭や過剰な毛衣、極端な性欲などによってかなり卑下されていた、雄牛への崇拝にとって代わられた。サバトの儀式が山場にさしかかると、参加者たちは目をらんらんと光らせた、サタンの化身である大きな黒牛の肛門なし性器に接吻をしなければならなかった。ときにはこの雄牛に代わって、猫や犬、さらに黒い狼が登場することもあった。

　儀式には集団的な酒宴や狂乱、悪魔との性交、人身供儀、子どもたちの殺害と

貪食などがともなっていたという。これらの悪事のうち、おそらくもっともおぞましいのは最後の所業で、そこでは大挙してやってきた人狼たちが貪欲さを最大限発揮した。それゆえ、人狼を退治するには、まだ人間の姿をしている真昼がよいとされた。一部の悪魔学者たちによれば、彼ら人狼たちは前述した特徴だけでなく、いったいに社会から距離をおき、たえずメランコリックなようすをしていることからも識別できるという。正体を見やぶられ、捕まり、拷問され、破門された彼らは焚刑に処され、その遺灰は風にまかれてちりぢりになったともいう。

　こうしてヨーロッパ各地では、魔女ないし人狼として告発された男女に対する裁判がさかんにおこなわれた。これは、不当にも「暗黒の時代」と命名された中世の真っ盛りではなく、まさに16ないし17世紀の話なのである。そこでは人狼が異端審問官や司祭および牧師の想像力に遍在した。法学者で思想家、そして高名な悪魔学者でもあった碩学ジャン・ボダン【1530－96。パリ高等法院の弁護士で経済学者でもあった彼は、流通貨幣の総量と流通速度が物価水準を決定するとする貨幣数量説を提唱してもいる】は、その著『魔女たちの悪魔妄想』【通称『デモノマニア（悪魔憑き）』。この書はハインリヒ・クラマーの『魔女たちにあたえる鉄槌』（1488年）とともに、「魔女」弾劾の基本書とされる】において、真の狼などもはや信じないと断言している。すなわち、狼はすべてがおそらく魔女であり、災いをなす存在、魔術師、異常者・逸脱者であり、彼らはこのうえもない「悪事や犯罪、瀆聖」をなしとげるため、一時的に狼の姿を借りているにすぎないとするのである。こうした人狼の存在に疑いの目が向けられるようになるには、それからおよそ1世紀あとのことであり、さらにその少しあとには、一部の医師たちが、想定上の狼憑きにのうちに、さまざまな身体的ないし精神的な病理形態をみるまでになった。

p.84－85

墓地の壁を背にしてならぶ人狼たち

　フランスのもっとも辺鄙な地方では、人狼信仰がかなり後代までみられ、伝承やフォークロアにその痕跡を残している。たとえばベリー地方【パリ盆地と中央山地のあいだ】では、フラン中東部のブルゴーニュや北仏のノルマンディ地方と同様、夜ともなれば人狼たちが墓地の入り口に集まり、ひとしきり月に向かって吠えてからちらばり、悪事を働くと信じられていた。これらの人狼はリュパン（lupin）とよばれた。なかには臆病で無害の人狼もいて、これはリュバン（lubin）という名をもっていた。

モーリス・サンド【1823－89。作家・画家・昆虫学者】作「リュパンたち」。母ジョルジュ・サンドの『田園伝説集』（パリ、1859年）【邦訳『フランス田園伝説集』、篠田知和基訳、岩波文庫、1988年】所収石版画。

第 7 章

呼称とエンブレム

　大部分のインド＝ヨーロッパ語では、前述したように、狼をさす呼称は光ないし輝くことを意味する語根*leuk-（そこからギリシア語のlýkosやラテン語のlupusが派生）、あるいは*wulk（そこからゲルマン語のwulf、のちにwolfが派生）【意味はすべて「狼」と結びついている。語源的にいえば、したがって狼は毛皮や尾、口、あるいは大きな歯にまして、光の存在、両目、そして夜闇のなかでなにかを見て光る視線そのものだったということになる。前述したように、この視線と結びつく狼のイメージはすべてそこに由来する。狼とふたつの光源、つまり太陽と月とのかかわりも、やはりそこから生まれている。ギリシア神話では、狼（リュコス）はアポロン【太陽神】の眷属で、アルテミス【月神】に庇護されている。北欧神話では最後に狼がこのふたつの天体を飲みこんでしまう。ここで注意したいのはラテン語で狐をさすvulpēs（フランス語goupilの語源）もまた、同じ語根と結びついているというこ

とである。つまり、そのかぎりでいえば、狐もまた夜行性動物ということになるのだ。

　北欧やゲルマンの古代異教社会では、ほかのほとんどの動物と同様、狼という呼称をさしたる意味もなく軽々しく口にしてはならなかった。この呼称を用いる場合は慎重を期し、敬意をもって発音し、できるなら、それを直接発音するかわりに、遠まわしな言い方でそれとなくイメージさせなければならなかった。猟師や戦士、そして農民たちにとって、狼はありふれた動物ではなかった。それは自分の名を耳にすることを嫌い、このタブーが侵されれば怒り狂う地獄の生き物だったからである。

　民族学者や言語学者たちは長いあいだ、しかじかの社会で、通常であれ、特殊なときであれ、その呼称を唱えてはならない動物たち（さらに植物、とくに樹木）に関心をいだいてきた。これらの動物たちはつねに強い象徴的な意味をおびていた。北半球では、とくに呼称がもっとも

ひんぱんにタブーとされていたのが、熊と狼だった。熊はたんなる動物以上の存在、古代の神ないし人間の祖先、狼はとくに野獣の化身で、おそろしい被造物であり、現世と悪の力の仲介者でもあったからである。

　こうしたタブーとは反対に、ヨーロッパ各地には狼（loup）の一般的な呼称が地名のなかに数多く残っている。大小の都市のみならず、村や小邑、通称などにである。フランスの地名だけでもかなりの数にのぼる。たとえばルピアック（Loupiac）、ルーヴト（Louvetot）、ルーヴシャンヌ（Louveciennes）、ルヴィニ（Louvigny）、ルーヴル（Louvre）、ラ・

狼の紋章学

　あらゆる四足動物同様、紋章に登場する狼もまた座位や歩行姿勢、跳躍姿勢、あるいは後ろ脚で立った攻撃姿勢（最頻出）をとっている。フランス語の紋章用語ではこの後ろ脚立ちの姿勢をラヴィサンとよぶ。ときにそれは獲物を口にくわえているが、通常はガチョウか子羊である。ときにはまた上半身のみ——これを「ルー・ネサン」【字義は「生まれつつある狼」】とよぶ——、あるいは頭部だけが表されることもあるが、舌と歯はきわめてはっきりとみてとれる【本文 p.96 参照】。

『ハーゲンベルガー紋章図鑑』。スイス人画家ハンス・ハーゲンベルガー【1450−1515】が編纂し、1488年に完成した紋章集。ザンクト・ガーレン修道院図書館、Cod. Sang. 1084, folio 121.

ルヴィエール（La Louvière）、レ・ルーヴェ（Les Louvets）、カンタルー（Cantaloup）、エルー（Hesloup）、パスルー（Passeloup）、ルーフジェール（Loupfougères）、ルーパンデュ（Loupendu）、ル・ボワ・デュ・ルー（Le Bois du Loup）【字義は「狼の森」】、ル・ゲ・デュ・ルー（Le Gué du Loup）「狼の浅瀬」】、ル・ソー・デュ・ルー（Le Saut du Loup）【「狼の滝」】、ラ・フォンテーヌ・オー・ルー（La Fontaine aux Loups）【「狼たちの泉」】、ラ・ヴァレ＝オー＝ルー（La Valée-aux-Loups）【狼たちの谷】、ラ・トゥルー・デュ・ルー（Le Trou du Loup）【「狼の穴」】などである。こうした地名はさまざまな形でいたるところにあふれているが、それは、地方の生活のなかで、狼とそれに対する恐怖心および想像力が、かなり古い時代からいかに大きな場を占めていたかを如実に物語っている。中世のキリスト教は、古称と結びついていた異教的な信仰と俗信を一掃するべく小教区名を改称したが、土地の慣習や伝承にもとづく町や周辺集落、昔からの通称の地名にかんするかぎり、さほど改称に成功しなかった。

狼に由来する語はまた人名にも数多くみられる。狐（renard）やカラス（corbeau）、雄鶏（coq）、雄牛（boeuf）、雄羊（mouton）などと同様、それは

また人名動物誌のスターとなっているのだ。たとえばフランスのルルー（Leloup）、ルルー（Leleu）、ルーヴェ（Louvet）、デュパンルー（Dupanlou）、ラウル（Raoul）、アルヌル（Arnoul）、とくにブルターニュ地方に多いブレ（Bleis）やル・ブレ（Le Blay）、バスク地方のオチョア（Otxoa, Otchoa）のように、である。さらに隣国にも以下のような人名がある。イタリアのルピーニ（Lupini）、ルペッリ（Lupelli）、ロヴァティ（Lovati）、スペインとポルトガルのロペス（Lopez）、リョピス（Llopis）、ロペス（Lopes）、ベルギーのデウルフ

大紋章のなかの狼

熊や猪、鹿といった野生の大型獣と比べて、狼はさほど数多く紋章の図柄に登場していない。家のエンブレムに用いるには、それがあまりもネガティヴないし「異教的」すぎるためなのだろうか。ただ、とくにナバラ地方やドイツ語圏では多少見ることができる。それは「カンティング・アームズ」、すなわちその呼称を一族名と掛詞にするという慣行によるもので、たとえばドイツ南部、ハプスブルク家の封臣だったウングナート・フォン・ヴァイセンヴォルフ家は、その紋章に白狼（ヴァイサー・ヴォルフ）をあしらっている。

『シャイブラー紋章図鑑』。バイエルン地方で1460－80年に作成された彩色写本。ミュンヘン、バイエルン州立図書館、Cod. Icon. 312 C, folio 171.

ルイ・ドルレアンの狼のドゥヴィーズ

　一族の大紋章のほかに、中世末期の王侯たちは個人的なエンブレムとしての特殊な小像や宝石、あるいは所有印を用いていた。これらをドゥヴィーズという。たとえばフランス王シャルル 6 世の弟ルイ・ドルレアン（1372－1407）【画面中央】は、ドゥヴィーズとして狼を選び、首飾りやウプランド【袖口が広くゆったりした外套】にそれをあしらった。狼のイメージがきわめてネガティヴなものだっただけに、この選択は意外な印象をあたえるが、狼の呼称であるルー（loup）は王弟の洗礼名（Louis）と掛詞になっており、狼をドゥヴィーズとして用いることで、その野獣性は緩和された。

クリスティーヌ・ド・ピザン【1364頃－1430。ヴェネツィア生まれのフランス人文学者。フランス語で作品を書いた最初の女流文筆家とされる】の『オテア書簡詩』【1401年】。パリで制作された彩色写本、1410－14年頃。ロンドン、大英図書館、MS Harley 4431, folio 95.

アンヴァリッドの隠れた狼

　オテル・デ・ザンヴァリッド（旧国立廃兵院）の前庭に面した屋根窓の装飾には、数多くの象徴や戦利品が見られる。ただ、それら屋根窓のひとつは例外である。そこにはナツメヤシの葉や軍旗に隠れるようにして、正面を向き、脚で円窓を抑えている狼が表されているからである。見物人を見張っているようなこの奇妙な造形は、じつはルイ14世の陸軍卿だったフランソワ・ド・ルーヴォワ侯【1639－91】の語呂あわせなのだ（ルー・ヴォワ「狼は見る」）。彼は廃兵院の制度と建物の建設【1671年竣工】に重要な枠割を演じた。だが、太陽王は嫉妬心からそこに彼の紋章をきざむことを禁じたのである。

パリ、国立オテル・デ・ザンヴァリッド、前庭屋根窓、1672－74年頃。

（Dewulf）、デ・ウォルフ（De Wolf）、ハンガリーのファルカシュ（Farkas）、ポーランドのヴィルク（Wilk）、ヴィルスカ（Wilska）、ヴィスコ（Wisko）、アイルランドのホーラン（Whelan）、オフェラン（O'Fáolain）、フィリン（Fillin）、スコットランドのマック・タイヤ（Mac Tire）、マッキンタイア（MacIntire）、モリガン（Morrigan）などである。むろん、Wolfという名詞の曲用や綴りの変形となれば、ドイツやスイス、オーストリア、オランダ、イギリス、スカンディナヴィアに数かぎりなくある。

狼が仮面になるとき

フランス語におけるloup（狼）の転義のひとつとして、「半仮面」がある。17世紀後葉に登場したそれは黒のビロード製で、顔の上半分を隠す。最初、貴婦人たちが舞踏会でもちいたそれは、18世紀には一般化して男女がつけるようになった。ヴェネツィアでは、半仮面はカーニヴァル期間中どこにでも現れ、黒いケープと黒い三角帽、白い仮面からなる盛装「バウータ」【半仮面もさす】の競いあいにのぞむ。

ピエトロ・ロンギ【1702－85】『カーニヴァル』、1750年頃。ヴェネツィア、カ・レッツォーニコ宮殿（ヴェネツィア美術館）。

　だが、紋章の動物誌では狼はむしろ少数派に属する。おそらく大紋章がかなり後代——12世紀中葉——に生まれており、狼を前面に登場させるには遅すぎたためだろう。さらにいえば、負性の象徴性が、特定の動物を一種の守護獣とする記号体系から狼を遠ざけたのだろう。そうした狼の力と獰猛さは封建時代の戦士たちを引きつけたはずだが、紋章にあしらう具象図形の選択は個人的というよりはむしろ集団的なものであり、それゆえこれが一族のエンブレムとなった。たしかに狼は紋章の動物相に欠けているわけではない。ただ、それはけっして動物たちの王としてではなく——玉座はライオンが占めている——、エスカッシャン【紋章中央部の盾】には狼よりもほかの野

獣、すなわち、一角獣やグリフィンを別として、鷲や豹、猪、熊、鹿、のほうが頻出しているのだ。

そうしたなかにあって、スペイン北部のナバラやガリシア地方では、狼をあしらった紋章が数多くみられる。スペイン北部の森には狼が多数生息していたことからすれば、それは地域の動物相に由来すると考えられなくもないが、実際はヨーロッパ全体にしばしばみられる慣行、つまり、その呼称が一族名と掛詞になっている紋章の図柄を選ぶ、という慣行に起因するのである。これを紋章用語で「カンティング・アームズ」【図柄によって姓を示す】とよぶ。たとえばナバラや周辺地方ではロペスとそれが変形した姓がきわめて広く分布しており、それゆえ紋章に狼が頻出しているのである。他所での狼の出現度は低くなるものの、通常はやはりカッティング・アームズである。エスカッシャンにおける狼は歩行姿勢（水平）、左後脚立ち、ないし後両脚立ちで表されているか、正面から見た頭部のみ、立てた耳、あるいは斜めないし垂直の２本の線による両眼だけに簡略化されている。つまり、様式化されたその図柄は頭部と眼からなっているのである。

ルネサンスとバロック時代のエンブレムは、狼の伝統的かつ象徴的なイメージをなぞっているにすぎず、そこに目新し

さはない。そのイメージはあまりにも長いあいだ固定しており、紋章が変わってもなんら改変されることはなかった。つまり、16・17世紀の図像学はなおも狼を荒々しい力や暴力や貪欲さの象徴としていたのである。そこでの狼は、捕まえたばかりの子羊ないしガチョウを尻尾で抑えつけ、殺そうとしている。まさにそれは無垢や弱さ、無邪気さの敵にほかならない。さらに、マルス神の不可欠な眷属としての狼は、中世ではめったに描かれなかったが、古代の神話を多弁に語る近代の絵画や版画にしばしば登場している。熊や猪、牛、クジラ、ライオン、雄鶏、はては臆病なハリネズミ（だが、怒れば棘を逆立てる）までがくわわる豊かな動物誌では、狼は数多い怒りの象徴のひとつとなってもいる。

エンブレムやシンボルの世界で、狼が再評価されるようになったのは現代である。そこではそのネガティヴな面を大部分脇に置き、力や強情さ、耐久力、大胆さ、さらには無敵さだけがとりあげられている。たとえば、スポーツ選手たちのユニフォームにあしらわれたそれは、チームやクラブ、さらにスポンサーのエンブレムとなっているのだ。狼はまた軍人階級章をまね、はるか昔に書かれたジョーゼフ・ラドヤード・キップリングの『ジャングル・ブック』（1894年）【本

書第12章参照】とも共鳴する、ボーイスカウトのバッジにもみられる。とりわけ今日では、狼のイメージがロゴ商標として好んで用いられている。それらは紋章と同じようにしばしば正面を向いた顔だけだが、その目は炎のようにらんらんとしている。すくなくともマーケティングや広告・宣伝の専門家たちの勧誘用の饒舌さを信じるなら、それは「エネルギー、自由の渇望、精神の快活さ、自分の直観への信頼、そして高度な知性、集団にとって重要な問題を、戦略的かつそつなく切りぬける才覚」を象徴するものだという。だが、どれほど生真面目で野心的な企業であっても、こうした三文小説的なうたい文句をともなう、きわめて通俗的な狼の顔をロゴとして提供される見返りに、クレイジーな金額を進んで支払う。なぜか。謎である。

第 8 章

寓話と童話

古代以来、狼のネガティヴなイメージはまた、韻文ないし散文で書かれ、読者を楽しませると同時に、道徳や人生の教訓もあたえる短い物語、すなわち寓話によっても広められた。それら寓話のうち、もっとも古いものはイソップ（アイソポス）の作である。このギリシア人作家について、われわれはほとんど知らないが、伝承によれば、前7世紀の人で、出身は小アジアのフリギア。奴隷だったともいう。じつは何世紀にもわたって集められたギリシア語による大量の寓話が、イソップというひとつの名前に帰せられているのである。今日まで残っている古代のおもな寓話のうち、およそ500点は彼の作とされている。ただ、現代の碩学たちはイソップ作とよべるものは358点としている。それらのなかで、狼を主人公としている何点かは時代をこえて伝わっている。『狼と馬』、『狼とサギ』、『狼と老女』、そしてとくに『狼と子羊』などである。

この最後の作品はどれほど立派な法で

も悪事をなそうと決心した者には無力である、ということを示している——。ある川の岸辺、水を飲んでいる子羊を見つけた狼は、川水を汚すと怒って、飲むのを邪魔する。子羊は自分がいる場所は川下であり、狼の前を流れる川水を汚したりすることはできないと抗弁する。そこで狼は別の難癖をつける。「去年、おまえはわたしの父親を侮蔑した」。子羊が答える。「ありえないよ。だって、ぼくはまだ生まれていなかったから」。一本とられた狼は、それでもこう言い張る。「たしかにおまえは自己弁護がうまいな。だが、それでも俺はおまえを飲みこむ」。そして、ことはすみやかになされた。強者の支配はすでに古代ギリシア時代からあり、この話でも狼は子羊に容赦がなかった。

寓話の動物誌は、古代のものであれ近代のものであれ、想像以上に多岐にわたる。たとえば、1668年【初版】から94年【第3版】にかけて240点の寓話を3巻にまとめて上梓したジャン・ド・ラ・フォンテーヌ【1621 – 95】は、125種の

「狼と犬」――『イソップ寓話集』

　「狼と犬」は西欧文化のもっとも有名な寓話のひとつである。イソップではきわめて短いが（3行）、ファエドルス【前14頃－後50頃。トラキア出身の寓話作家で、ラテン文学における寓話のジャンルを確立したとされる】で少し長くなり（27行）、ラ・フォンテーヌの寓話では41行になっている。だが、その「道徳的教訓」は同じで、飢えのほうが首飾りよりよいとする。狼は飢えているが自由、犬は満腹だが奴隷状態だというのである。

ヴァンサン・ド・ボーヴェ『歴史の鏡』（ジャン・ド・ヴィニェ訳）、シャルル5世のためにパリで制作された彩色写本、1370－80年頃。パリ、国立図書館、ms.nouv. Acq. Fr. 15939, folio 84 verso.

動物を登場させている。ただ、なかには
どちらかといえばまれな種もある。魚や
昆虫（「セミと蟻」は有名だが）などで、
ほかに挿話的にしか登場しないものもあ
る。反対に、一部の動物はどこにでも顔
を出している。ライオン、狐、狼、犬、
ネズミ、サル、そして頻出度が少し減る
が、カラスや雄鶏、ロバ、熊、馬などで
ある。

　狼は登場時期こそ異なるものの、ライ
オンや狐とともに寓話の3大スターの一
角を占めている。だが、これらスターた
ちは、中世の動物誌同様、好ましいイ
メージをおびていない。それどころか、
つねによこしまな役割をあたえられてお
り、それぞれ荒々しい力や残虐性、貪欲
さ、大食、ずる賢さ、不信心ないし偽善
の化身となっているのだ。ときには愚か
しさや滑稽さがこれにくわわる。狼につ
いていえば、自分の愚かさや卑屈さ、虚
言の犠牲となり、自分より弱いが、より
抜け目のないほかの動物たちによってだ
まされたり、虐げられたりする。多様な
版がある「狼と馬」の場合がそうである。
そこでは牧場にいる1頭の馬と出会った
狼が、これを餌にしようと一計を案じる。
獣医者に化けて、馬にどんな辛い病でも
すべて治してやると申し出る。だが、馬
は相手がよこしまな意図につき動かされ
たシャルラタン（偽医者）だと見ぬいて、

後ろ脚の蹄の下に腫瘍ができているとい
う。そこで狼が体を折り曲げると、馬は
後ろ脚でこれを蹴り、その顎と歯をくだ
いてしまう。

　野獣が自分の策略の犠牲になるという
この寓話は、すでにイソップの作品にも
あるが、そこでは馬がロバとなっている。
ただ、その教訓は、ラ・フォンテーヌの
寓話をふくめ、すべての版に共通してい
る。「餅は餅屋。狼がいくら医者になろ
うとしても、なれるのは精肉商だけで
ある」。

　古代以来、寓話は動物たちのイメージ
が普及するうえで重要な役割を演じてき
た。とくに学童たちが寓話を学んだから
である。ローマでは、彼らはそれをギリ
シア語やラテン語で理解しなければなら
ず、その慣行は中世のキリスト教社会に
まで受け継がれた。やがて18世紀から
20世紀にかけての初等学校では、ラ・
フォンテーヌのフランス語の寓話もまた
暗記されるようになった。だが、それは
ときに激しい反発をまねいた。たとえば
ヴォルテールはこの詩人がフランス語を
歪めたと非難し、ルソーは子どもたちに
寓話を学ばせても理解できないとしてい
る【『エミール』第2編、1762年】。ラマ
ルティーヌもまた、ラ・フォンテーヌの
寓話が「偏屈で冷酷かつエゴイスティッ
クな」思想を示していると批判した。

「狼と犬」——『ラ・フォンテーヌ寓話集』

7月王政時期【1830 −48年】、権力をもつブルジョワ社会にたいする戯画で名をはせた風刺・石版画家のジャン＝ジャック・グランヴィル（1803 − 47）は、数多くの書に挿画をよせているが、『ラ・フォンテーヌ寓話集』の挿画も彼の作である。動物を用いたその戯画は、詩人でもある著者が描いた動物社会と完全に調和しており、幻想的で夢想的、さらに超現実的な雰囲気をかもし出している。

ジャン・ド・ラ・フォンテーヌ『寓話集』。ジャン＝ジャック・グランヴィルの挿画入り。パリ、ヒュルヌ社、1847年。

「狼と子羊」——『ラ・フォンテーヌ寓話集』

グラフィック・広告デザイナー、そして児童書の挿絵画家でもあったフェリクス・ロリウー（1872 − 1964）は、グランヴィルと同じように、だが、かなり異なった様式で、ラ・フォンテーヌの寓話に多少とも幻想的な特徴を付与している。彼の表現主義的デッサンは謎と恐怖心をかきたて、たとえば狼と子羊の寓話のような、とくに最後が不運で終わる物語に向いている。

ジャン・ド・ラ・フォンテーヌ『寓話集』。フェリクス・ロリウーの挿画入り。パリ、アシェット社、1927年。

狼と７匹の子山羊

　「狼と７匹の子山羊」は、1812年に初版第1巻が刊行されたグリム兄弟の有名な童話集【正式な題名は『子どもと家庭のメルヒェン集』】に収載されている、ドイツの伝統的な童話である。「赤頭巾」同様、彼らはそれをハッピー・エンドでしめくくっている（口頭伝承での話はかならずしもそうなっていない）。狼は奸計を弄して母山羊が不在だとわかった家にまんまと入りこむことに成功する（母山羊をまねたやさしい鳴き声と白い脚によって）。そして、6匹を飲みこみ、ある木の根もとで寝入った。柱時計の影に隠れていた7匹目は、母親にことのすべてを話す。これを聞いた母山羊は、眠っている狼の太鼓腹をハサミで切り裂き、なおも生きていた子どもたちを救いだし、かわりに石をつめて皮を縫いあわせる。目覚めた狼は咽喉の渇きをおぼえ、井戸に近づくが、石の重さにひきずられて、なかに落ちてしまうのだった。

子ども向け童話集（『狼と７匹の子羊。わたしの最初の絵本』）のためのカール・オフターディンガー【1829−89】作版画。シュトゥットガルト、W・エッフェンゲルガー出版社、1884年。

　だが、これらの非難・批判は不当であり、空しいものだった。ラ・フォンテーヌの寓話が、それまで3世紀にわたって教材となっていた学校だけでなく、造形表現の方面でも広範に用いられるようになったからである。まず絵画と版画、ついでより多様な、ときには思いもかけない媒体、たとえばデザート皿や室内調度用の布、チーズ用容器、板チョコ、広告商品などに、である。ラ・フォンテーヌの寓話はこうして動物たちの肖像画の普及に一役かい、やがてその肖像画は固定化していった。ライオンは誇り高く寛大、狐は策略家で能弁、熊は大食で愚鈍、ロバは愚かで強情、サルはよこしまで不真面目、そして狼は盗人で嘘つき、悪辣、臆病ないし卑怯、残酷で血を好む、といったようにである。

　動物たちのこの相対的にネガティヴな肖像画は、伝統的な童話にもみられる。その語りの図式は多くが寓話と同様にネガティヴに展開しているが、語り口はより粗野で、ときには性的な暗喩もともなっている。そこでの狼は無慈悲な捕食者、家畜のみならず、羊飼いや森のなかで迷子になった子どもたち、さらには重病の老人たちをもむさぼる鬼として描かれている。つまり、狼はだれもが恐れ、けっして遭遇しない方がよい悪賢い殺戮者となっているのだ。とりわけそれは幼女や少女についていえる。雄熊と同様、雄狼は女性にことのほか引きよせられる、とされていたからである。

　しかし、狼はつねに所期の目的を達成できない。その事例として、かなり古い童話「狼と７匹の子山羊」がある。この童話にはさまざまな版があるが、これに近いものとして、たとえば最後に狼が煮えたぎった鍋の熱湯に飛びこんでしまう「3匹の子豚」がある。獲物を飲みこむ

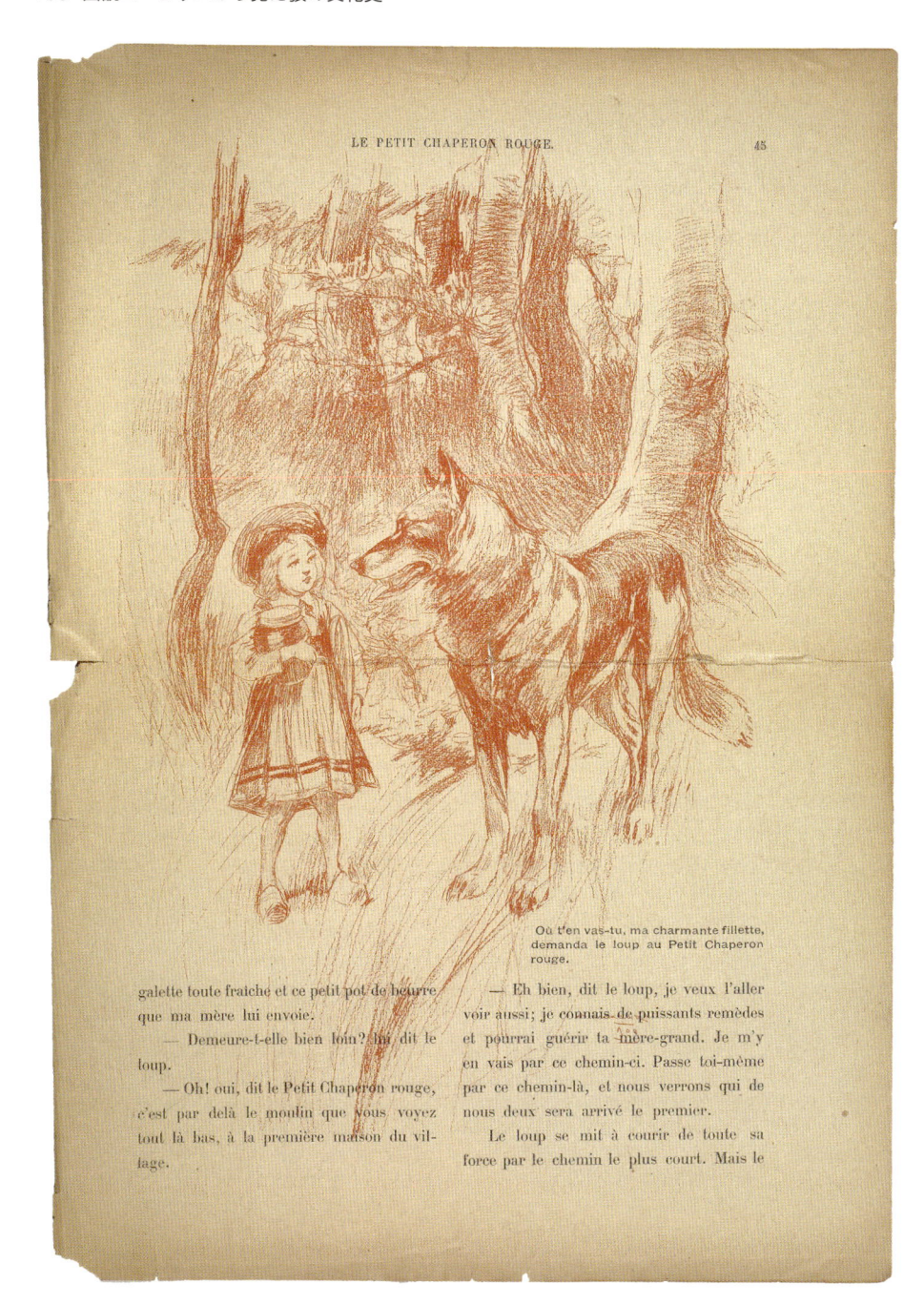

Où t'en vas-tu, ma charmante fillette,
demanda le loup au Petit Chaperon
rouge.

galette toute fraîche et ce petit pot de beurre
que ma mère lui envoie.

— Demeure-t-elle bien loin? lui dit le
loup.

— Oh! oui, dit le Petit Chaperon rouge,
c'est par delà le moulin que vous voyez
tout là bas, à la première maison du vil-
lage.

— Eh bien, dit le loup, je veux l'aller
voir aussi; je connais de puissants remèdes
et pourrai guérir ta mère-grand. Je m'y
en vais par ce chemin-ci. Passe toi-même
par ce chemin-là, et nous verrons qui de
nous deux sera arrivé le premier.

Le loup se mit à courir de toute sa
force par le chemin le plus court. Mais le

48

— C'est pour mieux te voir, mon enfant.

— Ma-mère grand que vous avez de grandes dents.

— C'est pour mieux te manger.

Et en disant ces mots, le méchant loup se jeta sur le pauvre Petit Chaperon rouge et la mangea.

Le méchant loup, après qu'il eut mangé la mère-grand, et le petit Chaperon rouge.

POUR PARAITRE PROCHAINEMENT :

RIQUET A LA HOUPPE

p106 - 107

不幸な結末の話

　「赤頭巾」の結末は、シャルル・ペローとグリム兄弟の版で異なっている。前者では狼が少女と祖母を飲みこみ、話は悲劇に終わる。後者の版では、猟師が狼を殺してその腹部を切り裂き、ふたりを無事救い出している。こ

こにのせた挿画はペロー版のもので、人肉で腹が大きくふくれた狼を描いている。やがて狼はその獲物を消化してしまう。

シャルル・ペロー『童話集』。挿画作者不明。パリ、ブクエ社、1909年。

にせよ、そうできないにせよ、主役が粗暴で邪悪な狼となっている童話をここですべて列挙することはできない。しかも、文字化されず、1地方内だけで語り継がれた童話も数多い。ただ、寓話のなかではライオンと狐により特権的な地位があたえられているが、こと子ども向けの童話にかんするかぎり、狼はスター的な動物となっているといえる。

　以下では、これら童話のなかでもっとも有名な作品、すなわち「赤頭巾」について少しみておこう。シャルル・ペロー（1697年）やグリム兄弟（1812年）の版でとくに知られるこの童話は、きわめて古いものであり、初出は今日まで残っている史料からすれば、1000年頃までさかのぼる。ベルギー東部リエージュの司教のもとで司教座聖堂付属学校長をつとめていた、エグベール【972頃生】

の作と思われるラテン語の短い詩【《De puella a lupellis servata》「狼たちからのがれた少女」】がそれである。彼はこの教訓的な作品を教え子の少女たちのために書いている。それは、赤い服を着たある少女が危険な森を通ったが、奇跡的に若い狼たちの魔の手から逃げることができたというものである。そこで少女を救ったのは、彼女の知恵と、父親からもらった赤い小さなウール地のローブだったという【72版あるとされる異伝のなかには、たとえば赤いローブをまとって少女に扮した若者が、祖母の命で村を囲むおそろしい森に入り、狼を退治したとするものもある】。

　この話にはやがてさまざまなエピソードがくわえられるようになるが、シャルル・ペローが17世紀末に用いた版はもっとも人口に膾炙し、「赤頭巾」というタイトルがつけられるようになった。これはペローの8編からなる有名な童話集【1697年】に入れられた。アカデミー・フランセーズ辞典にすぐれた挿画をよせたシャルル・ペローの名声は、その熱心な文学的・学問的活動というより、むしろこの薄い童話集に負っている【彼は1671年にアカデミー・フランセーズ会員にえらばれている】。いささか間尺にあわない話ではあるが、事実である。

　ペローの版では、「赤頭巾」の話は残忍で、結末も楽しくはない。かわいらし

く育ちのよい少女が森で狼に遭遇し、不幸なことに祖母のいる家までの道を教えてしまう。その結果、狼は老婆をむさぼり、それから少女に罠をしかけ、ついにこれを飲みこむのである。こうして話は唐突に狼の勝利で終わる。これに対し、グリム兄弟の版では、結末はより楽しいが、いささか突飛なものである。ある猟師が狼を射殺し、その腹を切り裂くと、なかから少女と祖母がぶじに出てきたとなっている。

　この童話にかんする文献は膨大にある。だが、ほとんどの注釈は基本的な問題を看過している。色の問題である。なぜ赤なのか。これについては互いに矛盾したり否定しあったりすることなく、補完しあって実りの多いいくつかの答えを提出できるだろう──。

　赤はなによりもまずエンブレム的な機能をおびている。つまり、話の全体を特徴づけ、結末の悲劇を告知する。それは暴力と残酷さ、狼によって食いちぎられた血のしたたる肉の赤である。だが、それより好ましいのは、歴史民俗学的な説明である。たとえば、農村部ではよりよく見守ることができるよう、子どもたちに赤い服を着せる風習があった。あるいは、祝日に少女にもっとも美しいローブを着せる慣行もあった。おそらくそれはこの童話の少女についてもあてはまるだ

ろう。祭りの日に祖母の家に行くため、彼女はもっとも美しい衣類、すなわち赤い頭巾つきコートをまとった。さらにいえば、学問的により確かな説明もできる。着衣の色と聖霊降臨祭【復活祭後の第7日曜日】の赤を結びつける説明である。事実、古い版では少女が聖霊降臨祭当日に生まれたと明記している。とすれば、少女は生まれたときから、かなり特別な日や縁起のよい日に、聖霊の色である赤を身につけることになっていたと推測できる。この赤は庇護の色であり、悪の力を遠ざけるとみなされていた。そして、それは自分の役目を果たしたのである。

　これにかんしては精神分析学者からも仮説が出されている。いずれもいささか脆弱なものだが、たとえばブルーノ・ベッテルハイム【1903－90】の有名な『おとぎ話の精神分析』【1976年】によれば、頭巾の赤はおそらく性を暗示する意味をおびているという。少女はもはや幼児ではなく、「ベッドのなかで狼と同衾したい」、つまり、たくましくて自分と同様に精力に満ちた男性と共寝したいと思うような、青春期ないし前青春期にさしかかっているというのだ。そして、ベッドでの流血をともなう飲みこみは、処女性の喪失のメタファーで、少女が失ったのは命ではなく、純潔性だったと

する【少女は母親に（性的に）勝ちたいという無意識の願望をいだいており、狼（＝父親）と性的に結ばれるためには、まず祖母（＝母親）を抹殺し、その抑圧から解放されなければならないとする精神分析的解釈もある】。おそらく少女は、人口に膾炙した、それだけに陳腐な言語表現が示しているように、すぐれて性的な動物である「狼に出会った」のだともいう。

　いく度となくくりかえされ、展開されてきたこうした解釈は、しかし歴史家たちを当惑させずにはおかない。一見魅力的だが、実際は無益な説だ、というだけではない。それが時代錯誤的なものだからでもある。はたして赤が最初の性のときめきの色になったのはいつからか。そのことを問わなければならないのだ。たしかにこの色は長いあいだ奢侈や売春の色だった。だが、それは童話に登場するものではない。「赤頭巾」の話がはじめて登場した中世には、はじめての性のときめきは赤ではなく、生まれつつあった愛と子どものような性行動を象徴する緑色だった。とすれば、かりに精神分析学的な解釈がここにあてはまるとするなら——筆者としては疑問なしとしない——、赤頭巾ではなく、緑頭巾でなければならないだろう。

　最後の仮説として可能性があるのは、少女の赤い着衣を説明するためのものだが、そうするには、もはや赤だけでなく、それを赤・白・黒の三幅対のなかに位置づけなければならない。ほかの童話や寓話の場合と同様、話がこの３色を中心に組み立てられているからである。「赤頭巾」では赤の着衣の少女が、小さな白いバター壺を黒い服を着た祖母（ベッドのなかで狼にとってかわられるが、色は不変）のもとに届ける設定となっている。一方、「白雪姫」では、雪のように白い肌の少女が、黒い服をまとったよこしまな王妃から毒入りの赤いリンゴを差し出されている。さらに「カラスと狐」では、木の上にとまっていた１羽の黒い鳥（カラス）が、赤毛の狐におだてられてくわえていた白いチーズ【イソップ版では肉】を落とし、奪われてしまう。主役や色の配置を替えれば、こうした事例はさらにいくつも列挙できるが、いずれの場合でも話はこれら３色を基軸として展開している。この色彩軸は語りと象徴性という点で大きな有効性をおびた象徴体系を形づくっているのである。

少女ときわめて危険な狼

シャルル・ペロー『童話集』の挿画、フェリクス・ロリウー作。パリ、アシェット社、1919年。

　「赤頭巾」の童話では、狼は黒い軸、つまり死の軸を表している。たしかに狼の体毛は黒ではなく、灰色か褐色ないし赤、淡黄褐色ないし縞模様である。だが、それはほとんど問題とならない。童話の想像力、そして一般的な文化史にとって、狼は黒なのである。ありていにいえば、想像力は現実の反対物でなく、むしろもうひとつの現実なのであり、そうした想像力の存在を否定するのは、空しい（そして愚かしい）ことにほかならないのだ。

「赤頭巾」の色

　「赤頭巾」の童話では、話が3通りの色彩軸を中心に展開している。少女の着衣の赤、小さなバター壺【少女が祖母に届けようとした】の白、そして狼の黒である。この3色は大部分の寓話や伝統的な童話にみられる。たとえば「白雪姫」では、雪のように白い肌をした少女が、黒い着衣のよこしまな女性（継母＝王妃）の手から毒入りの赤いリンゴを受けとっている。

また、「カラスと狐」【ラ・フォンテーヌ版】では、木にとまっていたカラスが、赤毛の狼のおだてにのって口にくわえていた白いチーズを落とし、狼に奪われてしまう。

アーサー・ラッカム【1867－1939】の版画による『赤頭巾』（1909年）。シャルル・ギヨ【生没年不詳】『雪上の春およびほかの昔話』（パリ、H・ピアザ社、1922年）に再録。

第9章

農村部の野獣

すでに指摘しておいたように、中世前期に生まれた狼への恐怖心は、12世紀から13世紀にかけて多少ともおとろえた。だが、それは長くは続かなかった。近代初頭、恐怖心が再生するようになったからである。この時期、気候が悪化し、大規模な疫病がまいもどり、さらに、戦争がより破壊的なものとなり、西欧社会が深刻な経済危機や人口激減に直面するようになった。とりわけ農村部では悲惨な状況が拡大し、凶作や極寒、そして飢餓が頻発してもいた。多くの耕作地が人手不足で放置された。だれもが飢えていた。野獣たちも同じだった。腹をすかせた狼たちは各地の村に出没し、家畜をむさぼり、餌となるものならなんでも盗んだ。ときには大都市にも入りこんだ。パリですら狼の被害にあった。たとえば1421年（とくに甚大だった）や23年、38年のように、である。こうして狼に対する如実な恐怖心がときに幻想的、ときに現実的な噂や惨事、さらにおぞましい話をともなってまいもどったのであ

る。やがてこの恐怖心は日常生活の一部となり、それは19世紀まで続いた。

フランスでは、「グラン・シエクル」、すなわちルイ14世の時代【1643 - 1715年】──平均余命がかなり低下した暗い時代である以上、「グラン・シエクル」【字義は「偉大な世紀」】という呼称は不適──、狼たちはひんぱんにオルレアンやブロワ、ナンシー、ヴェルダン、ブザンソンといった都市に入りこんだ。異常なまでの厳冬が続いた1685年から1710年にかけて、狼たちはいく度となくパリをとりかこむようにして出没した。その数十年後には、ヨーロッパ全体が、「ジェヴォーダンの獣」による被害に恐怖心と熱情をもって注目するようになる。それからかなりあとの1889年から90年にかけての冬、フランス中部オーヴェルニュ地方の住民数9000あまりの町サン=フルールでは、5匹の狼が通りをうろついているところが目撃されている。

こうした事情はなにもフランスだけにみられたわけでない。ヨーロッパ大陸の

多くの地で同様のことが観察されたからである。15世紀から18世紀にかけて、狼たちはほぼいたるところで獣害をひき起こし、古代と同様、その犠牲となったのは羊や山羊のみならず、狂犬病が猖獗していた時期には子どもや成人までもふくまれた。古文書館の資料や小教区教会記録、年代記もまた、こぞってそれを主張・確認している。アンシャン・レジーム期では、いくつかの悪条件——延々と続く冬や飢饉、疫病、戦争など——が重なると、狼たちは人間を襲い、兵士た

毛むくじゃらで貪欲、そして血を好む野獣

　中世末期から19世紀まで、狼に対する恐怖心はとくに冬のあいだ、ほぼヨーロッパ全域で激しさを増した。この野獣はもはや家畜だけでなく、人間の子どもや大人たちをも襲った。今日の一部の狼擁護者たちのようにそのことを否定するのは、歴史の現実を否定することにほかならない。あらゆる資料が同じような指摘をしているからである。すなわち、狼は飢えれば人間をも襲うという指摘である。それは数が減り、慎重で臆病になっている今日の狼にはあてはまらない。

16世紀中葉の木版画（作者不明）。エドワード・トップセル『四足獣の歴史』（ロンドン、1607年）に再録。

ちの死体をむさぼった。現代の一部の民族学者や動物学者のようにそれを否定することは、史実からして認められない。「シャルラタン（いかさま師）的な」歴史家たちの仕事もまた、歴史の何たるかを理解していないとの誹りをまぬがれえないだろう。今日の狼たちは往時のそれとは異なっており、21世紀の農村生活もまた中世や近代のそれとはいかなる関係もないのである。今日のわれわれの知見は真理などではなく、たんに歴史的な知識の一段階にすぎない。とすれば、現代のもっとも偉大な動物学者たちが狼について主張していることでも、数世紀以内におそらく笑いの種になるだろう。

話を少し後もどりさせよう。西洋社会は早くから狼たちに対する闘いを組織化してきた。9世紀初頭のシャルルマーニュ（カール）大帝【フランク王在位768−814、西ローマ皇帝在位800−814】にならって、歴代の王や有力領主たちは狼を一掃すべく、しだいに狩狼官の職位を設けるようになった。ただ、それはつねに大成功というわけにはいかず、効果もしばしば一時的なものだった。例外はイギリス諸島で、イングランドでは16世紀中に狼が姿を消し、1世紀後にはスコットランドで、1770−80年頃にはアイルランドでもいなくなったという。イギリスではこうして狼が一掃できたおかげで、農村

p.118−119

狼と狐狩り

ルーベンスの作品では狩りの主題が重要な位置を占めている。彼にとって、それはおもな顧客たちである王侯貴族たちの世界をたたえる手段でもあった。狼と狐の狩りを結びつけたこの大作について、一部の注釈家たちは画面右手のふたりの騎乗者が画家とその最初の妻イザベラ・ブラント（鷹を手に乗せている）だとしている。中央の正面を向いた騎乗者はふたりの長男アルベルト【1614−57。古代学者】である。

ピーテル・パウル・ルーベンス『狼と狐狩り』、1616年。ニューヨーク、メトロポリタン美術館、Inv. 10. 37.

生活や農作業、牧羊が利を受けた。より穏やかな日々が送れることになって、これら羊たちは最上の羊毛を産出するまでになったのだ。このイギリスでの狼の撲滅とそれによる経済的な効果に関心をいだいたジャン・バティスト・コルベール【ルイ14世の財務総監在任1665−83】は、王立狩狼庁を再編した。だが、それは徒労に終わった。1700年頃から、フランスでは獰猛で危険な狼がしだいに数を増していったからである。一方、フランス以外では狼の一掃はより早く実現し、たとえばネーデルラントやデンマークでは18世紀末、ベルギーやドイツ、スイスでは19世紀中葉に狼はほぼ姿を消した。

14世紀末に編まれたフォワ伯ガストン3世、通称ガストン・フェビュスの

『狩猟の書』【1400年頃】から、ルイ15世下で印刷された各種の有名な狩猟論【たとえば、女性戯曲家のソフィ・ド・バウル（1816 - 67）の父、グーリ・ド・シャングラン男爵（1732 - 99）の『狩猟論』（1769年）など】まで、著者はいかにして狼を退治するか根絶やしにするかを詳細に記し、追跡、狩り出し、罠、落とし穴、網など、すべてが有効だとしている。そのなかで「クール」とよばれた狩りは特別で、貴族たちにとってそれは狐狩りと同様、緊急対策にもまして娯楽にほかならなかった。この狩りには数多くの猟犬や馬、それに装備一式が不可欠だった。狩りが丸1日中続くことがあったからである。たとえば1741年には、ランブイエの森【パリ南西方】で1匹の狼を巣から追い立て、最終的にこれをしとめたのはパリのレヌ門（！）だったという。だが、農民による狩り出しや罠、網、さらにのちには毒薬の使用（19世紀にはストリキニーネ）、そして公的機関による狼を殺した者への報奨金——退治者は自分の獲物をその村や周辺村落で見せびらかした——は、クールより効果を発揮した。

狩猟書の著者たちは狼が疲れを知らず、腹を空かせ、悪巧みと残酷さに富んでおり、どれほど勇敢な犬でもしりごみさせてしまうと強調している。一部の狩猟官はまた狼狩り専門の猟犬たちを組織して

狼狩り

フランソワ・デポルト（1661 - 1743）はルイ14世時代末からルイ15世時代初頭にかけての王室御用狩猟画家である。彼は野禽獣にくわえて、猟犬たちの描写にもすぐれていた。サン゠シモン【1675 - 1755。作家・政治家で、主著に1691年から1723年までの膨大な『回想録』がある】によれば、この偉大な画家はかなり高齢になるまで、好んで狩猟者たちにくわわり、小さな手帳を肌身離さずもち歩いて、馬に乗ったまま、狩りのざわめきや興奮のなかでスケッチをしていたという。

フランソワ・デポルト『狼狩り』、1725年。レンヌ美術館。

もまったく役に立たず、狼の臭いやよだれ、そしてうなり声が犬たちをおびえさせたとも明言している。だれもが狼を害獣とみなし、と同時に無用な生き物だとしてもいる。その皮は害虫だらけで悪臭を放ち、肉も不潔で臭いがひどく、腐肉にたかる獣たちのなかで、カラスだけがかろうじてついばむほどである（こうしたカラスの性質については長いあいだ語られてきた）。したがって、狼がしばしば「人肉を嗜食するもの」だとしても、キリスト教徒はけっして狼を食べたりはしなかった。それについては、ビュフォン【ビュフォン伯ジョルジュ゠ルイ・ルクレール（1707 - 88）。博物学者・数学者・植物学者】が、主著『一般と個別の博物誌』【36巻。1749 - 78年】のなかの有名

な、だが、かなりの誤りを犯している一文でこう要約している。「なによりもまず不快であり、顔つきは下劣、外見は粗暴、声はおぞましく、耐えがたい悪臭と淫乱な本性、そして獰猛な習性の持ち主である狼は、生前はいまわしく有害で、死後は無益である」。

　年代記者や農村部の司祭たちの記録と同様、狩猟者や博物学者のそれには、16世紀から19世紀にかけてしばしばひとつの言葉が再登場している。狂犬病という言葉である。これは古代から知ら

狼たちにむさぼられたブルゴーニュ公シャルル・ル・テメレールの死体

　ブルゴーニュ公シャルル・ル・テメレール【在位1467−77】は、ウォルター・スコット【1771−1832。エディンバラ出身の作家・詩人】が1823年に発表した『クエンタン・ダーワード』で描いたような、傲慢で粗野、肥満、残酷な公爵ではなかった【このブルゴーニュ公は勇胆公、豪胆公、無鉄砲公、突進公、猪突公、軽率公などといった異名の持ち主】。だが、こうした彼の特性はロマン主義的な正史に不可欠なものであり、1477年1月5日のナンシー攻囲戦での彼の死は、中世を憧憬するトルバドゥール様式の絵画が好んでとり上げた伝説となった。それによれば、公爵の遺骸は戦死して2日後にようやく雪のなかから裸体で発見されたが、その半身は狼たちにむさぼられていたという。よこしまな人間にはふさわしい最期、というわけである。

オーギュスト・フェイアン=ペラン【1826−88】『ナンシーの戦い後に死体で発見されたシャルル・ル・テメレール』、1865年。ナンシー美術館。

れていた病で、アリストテレスもすでにそれに言及しているが、彼はこの病が人間にはうつらないと考えていた。やがてアラブ医学はまったく反対のことを確認し、感染の原因を狂犬病にかかった動物による咬傷にみるようになる。

中世のキリスト教は聖人たち——とくにその治癒聖人とされたマルクル【490-558。瘰癧（るいれき）治癒の聖人で、ルイ10世から14世までの歴代国王は、即位儀礼の一環として彼を祀る北仏コルベニの教会を訪れ、みずからの異能を示すため、瘰癧患者たちの頭上に手をかざし、「朕がふれ、神が癒す」という言葉を唱える「王の按手」儀礼をおこなった】やキトゥリ【472年殉教。トゥールーズの西ゴート王女だったが、ゲルマン人によって斬首された】、ユベール・ド・リエージュ【656頃-727。トングルとマーストリヒトの司教。聖週間にアルデンヌ森で狩りをした際、弓を射ようとした鹿の角のあいだに十字架が現れ、神意を悟ってキリスト教に帰依したとする故事で知られる。生前から狂犬病の患者を奇跡的に治したという】——への祈り、巡礼、エクス＝ヴォト（奉納物・奉納画）などによって、この災いに立ち向かおうとした。医薬は今日ヨーロッパでみられるものほど効果はなかった。ただ、かまれた手足の切除や患部の肉の焼灼はおこなわれた。それ以外、手の打ちようがなかったのだ。

知識人にとって、狂犬病はなおも悩みの種だった。長いあいだ、それは狼や狐、さらに犬のなかで自然に発生するものと考えられていた。これらの動物がつねに空腹の状態にあり、しばしば腐肉でも食し、発汗がむずかしいことに起因する体内の高熱に悩まされていたからである。狂犬病はこの体内の浸軟と結びついた熱から生まれるというのだった。1800年頃の雑誌の記事を信じるなら、狂犬病を発症した1匹の狼が野原や森に出没し、たまたま出会った人間や獣をかまわず襲い、わずか1日のうちに60人以上の人間を感染させて死に追いやったという。たしかにいささか誇張がすぎるだろうが、これは狂犬病やそれがひき起こす恐しい苦しみ、そしてのがれることのできない死への恐怖心を示しているといえる。

そうしたなかにあって、幸いなことにルイ・パストゥール【1822-95】が登場

する。栄光の絶頂期にあった彼は、1885年7月6日、通学途中で狂犬病の犬にかまれた9歳の少年ジョゼフ・メステルに対し、研究所の仲間たちと開発した抗狂犬病ワクチンを実験的に接種して成功したのである【メステル（1876 - 1940）はのちにパストゥール研究所でコンシェルジュとして働いた】。

1885年に少年メステルにワクチンを接種するパストゥール

　アルザス出身の9歳の少年ジョゼフ・メステルは、1885年7月4日、狂犬病の犬にかまれた。パリにつれてこられた少年はルイ・パストゥールの診察を受け、3日後、後者が仲間たちと開発したワクチンの実験台になることを決意した。こうして10日間、彼は日増しに強くなる投与をほどこされた。おかげで、ジョゼフの病は治った。これが抗狂犬病ワクチンの最初の成功となった。

1960年頃の学童用教育画。

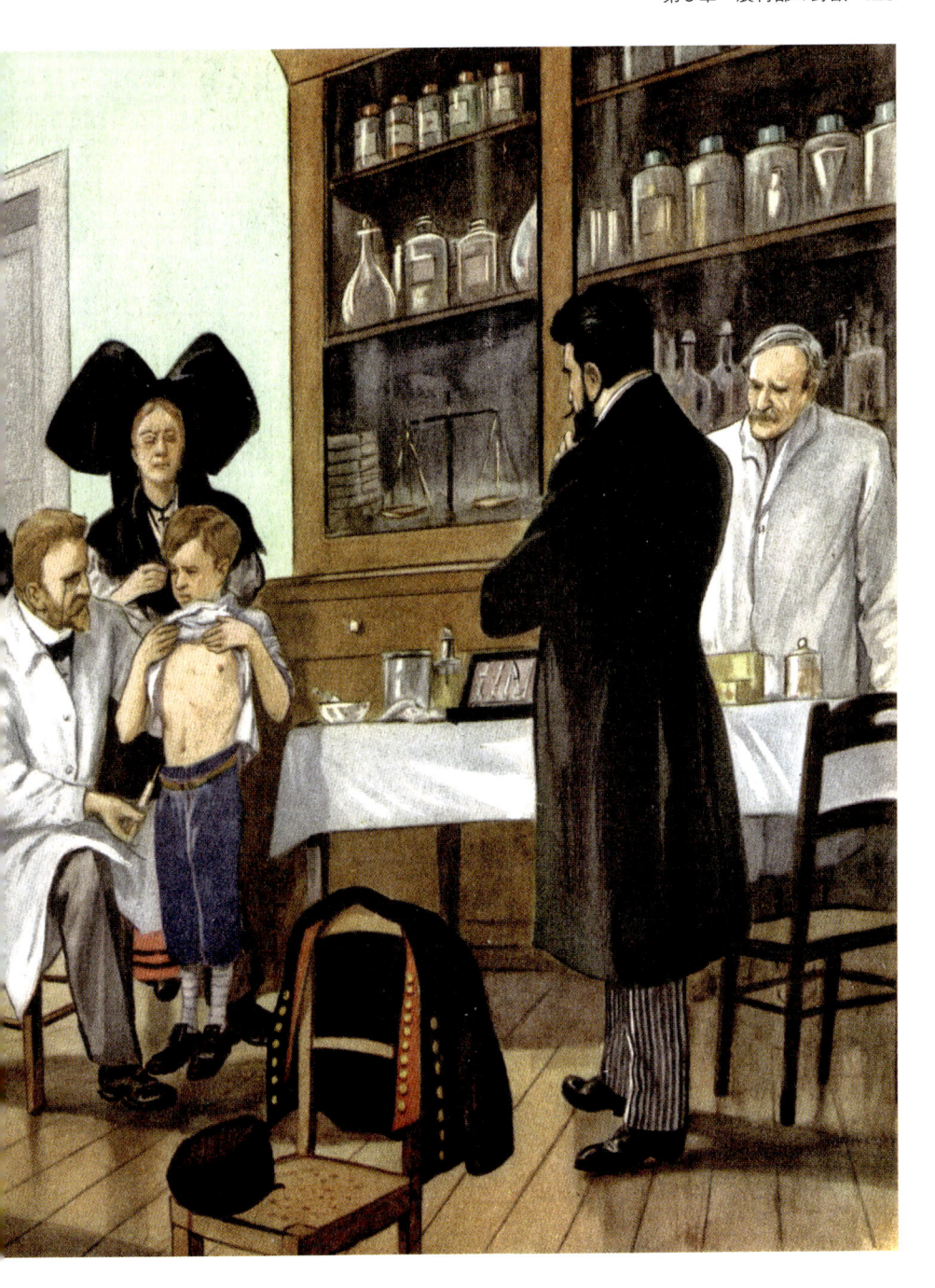

第10章

ジェヴォーダンの「獣」

　農民たちをおびえさせた死をもたらす狼の話は、17世紀から19世紀中葉までのヨーロッパに数多くあった。たしかにジェヴォーダンの「獣」の話はなおももっとも人口に膾炙しているが、そのフランスでさえ、それ以前に数例の「獣」の話があった。たとえば1693年から94年の短期間で72人の命を奪った、フランス中部トゥレーヌ地方のブネ森の獣や、1715年から18年にかけて21人をむさぼった中央山地東部のヴレ山地のそれである。この2例では数頭の獣となっているが、おそらく狂犬病にかかった狼たちだろう。これに対し、ジェヴォーダンの事件はあきらかに1頭ないし1匹の怪物的ではないとしても、奇怪な動物によるものだった。

　最初にこの「獣」が巷間話題にのぼったのは1764年6月のことだった。中央山地南東部のランゴーニュ近く、牛群の番をしていた娘が「大きな狼に似ているが、狼ではない」動物に襲われたのである。2匹の番犬はおびえて身動きできな

かった。彼女がかろうじて命びろいをしたのは、雌牛たちが角を低くして野獣につっこんだからだった。しかし数日後、そこからさほど遠くない場所で、14歳の羊飼いの少女がその群れの近くで咽喉をかみ切られて死んでいるのが見つかる。それは狼のしわざだとされたが、ランゴーニュの牛飼いの少女に対する攻撃とは結びつけられなかった。しかし、狼が羊たちでなく、羊飼いの少女を襲ったことにだれもが驚いた。この18世紀中葉、ジェヴォーダン一帯（現在のロゼール県北部に位置する山岳森林地帯）には狼が数多く生息し、その行動は予測不能だった。人々は年平均で60匹あまりを退治し、王国のほかの地域同様、1匹退治すれば6リーヴル——かなりの金額である——の報奨金があたえられた。

　しかし、同年の晩夏から初秋にかけて、被害は別次元のものとなる。3か月のあいだに、新聞や雑誌で「ラ・ベット（獣）」と命名された動物が、12人を殺し、13人に傷を負わせたのである。目

ジェヴォーダンの「獣」は怪物である

　1765年から67年につくられた大量のデッサンないし版画は、「獣」の身体の部位をしばしばほかの四足獣から借りて合成されている。狼や犬、猪、雄牛、ライオン、熊、虎、ハイエナなどからである。「怪物」とよばれたゆえんである。さらに、より恐怖心をあおるため、この獣は毛むくじゃらで鋭い鉤爪、とがった歯、非常に長い尾、ときに曲がった角、先端が鋭利な牙、毛におおわれた大きな耳、巨大な男性器、あるいは象のような吻（鼻）などが描かれてもいた。その身体を特徴づけるこれらすべての属性は、野生の獣性をことされに強調し、「獣」に獰猛さやおそろしさ、そして異常さをあたえた。

作者不明の銅版画。1765年にマンド【中央山地南部】で制作されたデッサンから。パリ、国立図書館版画室。

撃者数人が強調しているところによれば、「おそらくそれは狼ではない」ということだった。ラ・ベットは狼より大きく、体毛も長くて赤茶けており、背中に縞模様がある。鼻は黒く大きくて長く、尾は毛がたっぷりと密生している。さらに、暗闇のなかをはい進み、ゆっくりと歩くが、信じがたい速さで犠牲者に飛びかかる。後ろ脚で立つこともできる。そして、口を大きく開け、臭いは胸が悪くなるほどである。とりわけ血に引きよせられ、犠牲者の咽喉をかみ切るだけでなく、しばしば地面に流れた血をなめたりもする。

Figure du Monstre, qui desole le Gevaudan,
Cette Béte est de la taille d'un jeune Taureau elle attaque de préférence les Femmes,
et les Enfans elle boit leur Sang, leur coupe la Téte et l'emporte.
Il est promis 2700 ℓt à qui tueraitcet animal

　以上が目撃者たちによって報告された「獣」の主たる特徴である。事件から数週間のあいだにその攻撃はしだいに数を増し、野獣の手配書もより詳細になっていったが、それらは実際に観察したことより、むしろ想像にまかせたものだった。ヒョウやハイエナ、雌ライオン、虎、人狼だというのである。馬の蹄やカメの甲羅、ライオンのたてがみ、大山猫の目などもそなえ、はては人間の声をしていたとも噂した。これを女性と野獣が交わって生んだ怪物的な一種の人狼だと考える者も多かった。やがて事件の話は

「獣」に襲われる羊飼いの少女

　歴史家が「ジェヴォーダンの獣」事件でもっとも注目するのは、情報の伝達速度である。ある夜、この野獣が羊飼いの少女を襲ったという話は、早くも翌日には国王や宮廷にとどき、さらに王国内のみならず、隣国の大都市にまで広まった。そして、この話は18世紀中葉には大量の作者不明の版画があいついでつくられ、それがポスターやパンフレットに複製されて巷間出まわった。

作者不明の彩色版画、1765年。

ジェヴォーダンを越えて王国中に広まるようになる。王国のいたるところで、いや、外国でも、人々はジェヴォーダンの事件と、南仏ラングドックの地方総督がさしむけた副連隊長デュアメル率いる竜騎兵57人に立ち向かった非情な野獣のことに夢中になった。だが、狩りで退治したという話がいろいろ喧伝されたにもかかわらず、怪物の被害は後を絶たなかった。

そこで1764年末、マンド【中央山地南部】の司教は教書を作成し、司教区内の主任司祭たちに、同年最後の説教でそれを読み上げるよう指示した。この司教にとって、「獣」が受肉したおそろしい災禍は神の怒りの徴にほかならなかった。主の怒りを鎮めるには、聖職者と信者たちが祈りや信仰告白をおこない、自己を変革し、より徳のある日々を送らなければならない。そして罪、とくに肉欲の罪を畏れ、子どもたちをカトリックの信仰によって教育し、異端的なプロテスタントに終止符を打ち、哲学者たちとその冒瀆的な言葉を黙らせなければならない。司教はそう主張したのだった。彼はさらに宗教行列や苦行、共同祈祷を命じてもいる。だが、それは徒労に終わった。それから4日後の1765年1月1日、「獣」が16歳の少年の首にかみつき、深手を負わせたからである。場所は少年の実家

のすぐ近くだった。

「獣」によるこうした攻撃や殺害は、1765年のほぼ全期間をつうじて続いた。やがてそれはジェヴォーダンだけでなく、隣接するオーヴェルニュやヴィヴァレ地方、さらに南仏のルエルグ地方にまで広まる。それにともなって、「獣」を捕まえるか殺すかした者への報奨金はしだいに引き上げられていった。そして同年2月、ノルマンディの貴族で、王国最高の狼狩猟者との評判をとっていたデンヌヴァル父子が、いよいよ現地にのりこんでくる。これを受けて、国内各地の狩猟者たちもふたりの支援にかけつけると申し出た。だが、誇りと確信に満ちていたデンヌヴァル父子は、そうした申し出を断わり、農民たちの協力に期待した。農民たちはがまんのならないデュアメルの竜騎兵たちより、父子の望みを受け入れた。こうしてデンヌヴァル父子はジェヴォーダンで多くの狼を退治した。だが、そのなかに「獣」はいなかった。それはなおも悪行を続け、犠牲者の数もたえず増えていったからである。とりわけ被害が甚大だったのは1765年3月だった。人々の不安は極限に達し、だれもが不満をいだくようになった。

そこで鋭敏な人々――ただし、事件に無関係な都会人たち――は、奸計を用いるよう提案する。「獣」が少女をふくむ

FIGURE de la Beste feroce que l'on nomme l'hyene qui a devore plus que 80 personnes dans le Gevaudan.

A Represetation of the Wild Beast of the Gevaudan, who is said to have devoured upwards of 80 Persons. From a drawing sent in April 1765 to the Intendant of Alençon in Normandy.

外国人の見た「獣」

　3年ものあいだ、ヨーロッパ各地の人々は、ジェヴォーダの「獣」の暴虐とルイ15世から被害を終わらせるために派遣された部隊の無能さに強い関心を向けていた。フランスの敵たちにとって、それは「偉大な国家」を自認する王国が、たった1匹の狼にてこずっているということを強調してあざ笑う格好の機会だった。とくに17世紀初頭にすでに狼が姿を消していたイングランドでは、他国よりその愚弄が激しかった。

匿名イングランド人による版画。1766年頃。

女性たちを攻撃していることから、1頭の羊を女羊飼いに変装させ、そのまわりで兵士たちが待ち伏せする、という策だった。あるいはまた、「女性の人形」を何体もこしらえ、なかを毒で満杯にして、「獣」がひんぱんに出没するおもな通り道に沿って置く、さらにはライオンや虎を何頭も放ち、その獰猛さで怪物の息の根をとめる、といった奇抜な策もあった。だが、現地では伝統的な対策がとられ、1765年4月21日、1万人以上を動員して大々的な狩りがおこなわれた。ところが、それもまた空しい結果に終わった。そんな人間たちをあざ笑うかのように、「獣」はさらに殺害件数を増やし、デンヌヴァル父子に対する不満も日増しに高まっていった。この不満はとりわけ彼らの名声を妬んだ地元の貴族たちから発せられた。

　同年5月、国王は1年間における「獣」の被害にかんする報告を受ける。襲撃122件、死者66人、重傷者40人。多すぎる数だった。偉大な狩猟者でもあったルイ15世は、そこで国王の火縄銃運搬人で、サン＝ジェルマン＝アン＝レ国王狩猟官管轄区中尉でもあったフランソワ・アントワヌ・ド・ボーテルヌ侯爵【1695－1771】を、現地ジェヴォーダンに派遣することを決意する。忠誠心と能力、大胆さにも欠けるところがなかっ

た65歳のこの侯爵は、国王から「獣」を退治するための全権を託された。彼は6月下旬にジェヴォーダンに入り、デンヌヴァル父子を相談役として、「獣」にかんする彼らの情報に注意深く耳を傾けた。「獣」の外見といい、ふるまいといい、それは狼のものではなかった。おちつきがあり、体系的でもあったボーテルヌは6月30日に狩りを開始し、夏一杯それを続けた。しかし、「獣」はまるでそれを気にせず、なおも出没して狩猟者や猟犬に立ち向かい、女性や子どもたちを毒牙にかけた。1765年8月11日、「獣」は少女ふたりを襲う。そのひとりは銃剣【？】で野獣に反撃し、傷を負わせた。多くの目撃者によれば、この血は狼のものではないという。そこでボーテルヌはヴェルサイユの国王に、人員と馬、猟犬、さらに資金の補強を申し出た。

　同じ月の29日、巨大な狼がある哨兵によってしとめられる。「獣」にちがいない。だれもがそう信じて喜んだ。ジェヴォーダンでも宮廷でも快哉が叫ばれた。だが、まちがいだった。早くも9月には襲撃が再開したからである。ボーテルヌはこれに落胆し、国王は憤った。フランスの敵国はまたぞろ愚弄した。イングランドとドイツではルイ15世と国王の命によるすべての狩りが、ジェヴォーダンの獣によって挫折させられたことを描い

た版画が出まわった。新聞は揶揄し、あるいは不安を隠さなかった。王国のほかの地方でも恐怖のシンドロームが蔓延した。シャンパーニュ、ペリゴール、ビュジェ【フランス東部】、ブルターニュ地方などである。そして、1765年9月21日、アントワヌ・ド・ボーテルヌは多少予想外のことだったが、「獣」がしきりと出没する場所からかなり離れたところで、巨大な狼を1匹しとめる。今度こそはまちがいない。彼はそう確信した。ジェヴォーダンの住民たちはそれをさほど信じなかったが、国王はこの火縄銃運搬人を信じて祝福し、ヴェルサイユに招いた。11月3日、彼は出発する。それは鎮静化のはじまりだった。9月末から、いかなる攻撃もなくなったからである。恐怖の15か月間のあと、ジェヴォーダン地方はついに怪物を一掃したのである。

　ところが、その状態は長く続かなかった。12月2日、「獣」がまたぞろ活動するようになったのだ。マルジュリド山塊の北側で若いふたりの女牛飼いが襲われ、いずれも重傷を負ったのである。さらに数日後、そこから40キロメートルほどの場所で女性ふたりが犠牲となり、12月21日にはひとりの少女がかみ殺され、身体半分をむさぼられた。恐怖がまいもどった。ジェヴォーダンの貴族や農民たちはもはや国王やそのとりまきたちの支援をあてにしなくなった。死者の数は同年冬から翌1766年の夏にかけて増えつづけた。聖職者はミサをひんぱんにおこない、巡礼や聖母への祈願も増した。だが、それもまた徒労に終わり、弔鐘や警鐘が鳴りやむことはもはやなかった。いまや「獣」は村内ですら攻撃し、だれもがそれを目撃するようになった。かつて受けた銃剣の傷に苦しんでいるようではなく、狙い撃ちされて体内に入りこんだ何発かの銃弾も、苦痛とは無縁のようだった。じつに「獣」は不死身だったのだ。

　1766年から67年にかけての冬のあいだ鳴りをひそめていた「獣」は、3月、襲撃を再開する。この春はまさに大量虐殺の季節となった。ボーテルヌがジェヴォーダンを去った1765年末、各種の雑誌は、ふたたび血なまぐさい事件をシリーズ的にとりあげるようになった。季節がよくなると、地元の貴族たちはあらためて活動を開始し、村人たちに参加をよびかけて、狩り出しを強化した。1767年6月19日、若いジャン゠ジョゼフ・ダプシェ侯爵【1748‐98】が組織した狩りの際、累犯者で、呪術師の息子とみなされていた変わり者の農民ジャン・カステル【1708‐89。1765年2月の狩りに参加した彼は、のちにボーテルヌの部下たちをからかったとして、オーヴェルニュ地方のソーグ監獄に投獄されている】は、自分めが

巨大な狼

　偉大な狩猟者でもあったルイ15世は「獣」による被害を終わらせるため、国王の火縄銃運搬人だったフランソワ・アントワヌ・ド・ボーテルヌをジェヴォーダンに派遣し、怪物を同地からとりのぞくために全権をあたえた。こうして現地におもむいたボーテルヌは、数か月間目的をとげられなかったが、1765年9月、ついに法外な巨体【体長1.7メートル、体高80センチ、体重60キロ】の狼を1匹しとめ、その遺骸をただちにヴェルサイユに送った。宮廷人はこぞってこの巨大な野獣の剥製を見に来た。こうして事件は一件落着したかにみえた。

ヴェルサイユの「獣」、作者不明の版画、1765年。

アントワヌ・ド・ボーテルヌによってしとめられた巨狼

　「獣」にかんする描写は証人によってさまざまだったが、彼ら証人の大部分は、「獣」がまず女性や子どもたちを襲い、その血をなめたり飲んだりしたと強調していた。「獣」を退治した者に約束された2700リーヴルの報奨金は、当時としてはきわめて巨額なものだった。

1765年末にパリで印刷されたポスター形式の版画。

けて襲ってきた巨大な狼をしとめる。彼の言うところによれば、それには銃弾1発で十分だったという。だが、「通称ラ・ソーニュ・ドヴェールのトゥネゼール森にある、ムーシェ山の北斜面」でなされたというこの単独の手柄は、なおも多少なりと謎につつまれている。伝承によれば、シャステルは狩りに出立する前、その銃を祝福してもらい、聖母のメダイユを溶かして銃弾をこしらえたという。シャステルはさらに「獣」についてこう語っている。これは雌で狼に似ているが、より大型で重くきつい臭いを放っており、毛なみは赤く、首は太い。尾は長くて毛が密生しており、重さは109リーヴル（約53キログラム）あった。体躯の各所にはかつて受けた銃弾や銃剣の傷跡があり、胃にはかみくだいた子どもの骨も見つかったともいう。まちがいなく「獣」は殺された。

その情報はただちに王国内に広まった。だが、奇妙なことにジャン・カステルにはしかるべき祝福があたえられなかった。そこで彼は狩りの慣例にしたがって、「獣」の死骸を馬の背に横向きに積んで、村々を巡回した。農民たちはそんな彼を歓迎せず、いかなる報奨も出そうとしなかった。「獣」退治から6週間後、シャステルはヴェルサイユで国王にその死骸を見せた。ところが、国王は腐りかけて

耐えがたい悪臭を放つ死骸に気分を害し、なぜもっと早く持参しなかったのかとシャステルを難じ、可及的すみやかにこれを埋めるよう命じた。それは、「獣」の部位が聖遺物や証拠品として保存されたりしないようにするためだった。ビュフォン【本書120ページ参照】は死骸を調べようとしたが、時すでに遅しだった。シャステルは報奨金をもらえぬまま宮廷を後にしなければならなかった。ただ、それから数か月後、新任のマンド司教が褒美として彼に26リーヴル授けた。評判の悪かったこの農民は、これを機に善きキリスト教徒となり、81歳まで生きた。一方、「獣」のほうはといえば、たしかに死んだには死んだが、伝承のなかでよみがえり、以後、多くの著作に登場するようになる。

事実、18世紀末から、おびただしい数の著作がジェヴォーダンの「獣」のことをとりあげ、この血を好んだ動物の正体を特定し、事件の実情と問題点を理解しようとする仮説もまた数多く出された。それにしても被害の収支は驚くべきもので、その数は著者によって異なるものの、おそらくわずか3年のあいだに64の小教区、つまり大雑把にいえば今日のひとつの県に相当するほど広い地域で、250回も人を襲ったことになる。これによって、命を奪われた者は100－

FIGURE DE LA BÈTE FÉROCE, qui ravage les alentours d'Orléans.

(Réduction fac - simile.)

オルレアンの獣

　ジェヴォーダンの「獣」による事件は人々の耳目を集め、以後の数十年間、フランスのみならず、隣接地方にも別の獣たちが出没するという恐怖をひき起こした。とりわけ有名な事例のひとつは、オルレアンの獣である。1806年と14年、それはオルレアンとボージャンシ、ヴァンドーム、シャンジのあいだに姿を現している。数人の目撃者はそれが全身が鱗におおわれ、尾を2本もつ巨大な狼だったとしている。角を生やしている、はては人間の顔をしているとする証言もあった。

作者不明の彩色版画、1814年頃。

130人、重傷を負わされた者は70人。死者の3分の2は女性で、4分の3は18歳以下だった。この数値から明らかなように、「獣」はつねに若い女性や少女を好んだ。しかも、そのうちの何人かは咽喉をかみ切られ、身体を引きちぎられたあと、裸のままで発見されている。ある場合には、頭部ないし四肢だけがこの動物によって遠くまでもちさられてもいる。たとえば、ある主任司祭が記しているように、1765年4月7日、17歳の若いガブリエル・ペリシエが犠牲者となっているが、「獣」は「彼女の身体の一部を食べて骨と切り離した頭部をならべ、上から服と帽子をかぶせた。そのため、夜になる前に彼女を探しに来た捜索隊は、彼女が寝ていると思ったという」

「獣」にかかわる特徴的な行動もまた同時代人の、そしてのちには歴史家たちの興味をそそった。たとえば、もっとも勇敢な猟犬をふくむすべての犬が、「獣」に近づくときわめて激しい恐怖心を示すのに、牛や豚はそれほどおそれない。しかも、これら家畜の一部は、この野獣を躊躇なしに攻撃したり威嚇したりして、女性の牛飼いや豚の番人たちを救ってもいる。「獣」が動物の血より人間の血を好んだ、家畜をめったに襲わなかった、人間を狙い、人間に怖れをいだいたようすがなかった、といったことも関心

をかきたてた。さらに「獣」の移動の速さや神出鬼没さもまたしかりだった。ある日、とある村の近くで人を襲って数時間後には、そこから40キロメートルほど離れた場所でも襲っているのだ。そして、「獣」がまるで不死身でもあるかのように、銃剣やしばしば至近距離から打ちこまれた銃弾をつねに意に介さなかったという事実にも目が向けられた。

こうしたさまざまな観察報告から、一部の著作者はいささか軽率ないし無謀な仮説を導き出した。「獣」はたんなる狼などではなく、数種の動物、すなわち犬と狼、雌ライオンと狼、雌犬と狼、さらに女性と狼の交合から生まれた怪物だとしたのである。一方、より賢明な著作者は、一連の襲撃が1匹ではなく、何匹もの、おそらく狂犬病にかかった狼たちの所業だとした。なかには、マルタン・デンヌヴァル（父）の考えと同様、これら狼たちの背後にはまちがいなく人間、つまり狼づかいがいたはずだとする説もあった。人間の敵であるこの狼づかいは加虐趣味的かつ性的な変態で、ひたすら悪事をおこなうか、なにかに復讐しようしているというのである。おそらくこの役割は、「獣」の驚くべき殺害者となったジャン・カステル、もしくはそのより不気味な息子アントワヌがになっていたはずで、あるいは彼らは、多少とも堕落した地

元の伯爵ジャン・フランソワ・シャルル【1728‐1801。軍人でもあった彼は、借財のためにパリの高等法院に告訴され、ヴォルテールらの弁護も功を奏さず、法院付属監獄に投獄されている。釈放後は地元に戻ったが、ここでもまた性的なスキャンダルで顰蹙をかった】にあやつられていたのかもしれないというのだ。しかし、こうした仮説は魅力的だが、「獣」が猪の毛皮でつくられた胴鎧を人間によってつけられ、これが銃弾や銃剣を跳ね返したゆえに不死身であるとする説明同様、脆弱なものである。

　歴史家にとって根本的な関心は、とるに足りないようなそこにはない。それはむしろ、1789年夏の「大恐怖」【フランス革命初期以後に農村部を襲った社会不安】より20年ほど前、フランスの南部一帯にみられ、やがて勃発する出来事を告げるような集団的な恐怖現象のうちにある。さらにいえば、あちこちに恐怖の種をま

いた獣たちの多様化もまた追究しなければならないのだ。たしかにジェヴォーダンの「獣」はもっとも人口に膾炙した事例だが、それだけではなかった。じつはその前後にも獣は出没していたのである。たとえば、1814年の数か月間、オルレアン近郊のシャンジ一帯を荒らしまわった獣もまた有名だった。だが、とりわけ検討しなければならないのは、刊行物や行商によって頒布された数多くの版画がはたした役割である。1764年から67年にかけて、はじめてこの事件が三面記事として登場し、またたくまに国内のみならず、ヨーロッパ各地でも反響をよぶようになる。そして、それは連日のように（すくなくとも最初の15か月間）各種の雑誌で注釈いりでとりあげられた。事件の主役は正体こそ不明だが、怪物のような動物とされ、冊子や版画がその姿を王国全域や隣国に広めていったのである。

第11章

近代の信仰と俗信

　近代の俗信は中世のそれとさほど異なってはいなかったが、前者はかなりよく記録され、より多様化してもいた。アンシャン・レジーム期では、一部の司祭たちがその小教区内でのさまざまな俗信を細心に書きとめ、それらを撲滅しようとしていた。フランスでのこの分野での先駆者は、シャルトル地方の聖職者だったジャン＝バティスト・ティエール（1636 − 1703）である。王国内の20あまりの司教区に有していた重要な通信網のおかげで、彼は大量の情報を集めて記録し、1679年、それを『俗信論』といういささか風変わりだが教訓的な書として上梓する。これは初版以降、いく度か版を重ね、各版にはかなりの増補がなされている。最後の版は死後の1777年にアヴィニョンで出た 4 巻本である。ただ、彼は継承者かつ模倣者だった。すでに17世紀から18世紀にかけて、多くの聖職者が農民たちの俗信や伝統にかんする最上の情報源となっていたからである。やがてフランスのみならず、隣国でも、

さまざまな民俗学者や民族学者、さらに地元の学会が連携し、第 1 次世界大戦まで情報を増やして豊富な成果をあげるようになった。

　この大量の情報では、野生の動物たちが重要な位置を占め、そこでもまた狼が主役となった（カラスとともに）。20世紀初頭まで、狼に対する恐怖はいたるところにあり——すでに狼が姿を消して久しい地域でも——、それにともなって多様な伝承や忠告、儀礼的実践もみられた。これら情報の多くは狼との遭遇にかんするものだったが、時間帯や時期によってその意味や危険度は異なっていた。狼と遭遇するなら、人間の全身を麻痺させ、きわめて弱いものにしてしまう夜より、声を失うだけの昼間のほうがよい。また、同じ遭遇なら、冬より夏のほうがいい。とりわけ憂慮すべきなのは、クリスマスが近づいた頃の夕暮れ時、場所は森のはずれか墓地のなかで、赤毛か黒ないし縞模様の体毛をもつ狼との遭遇である（灰色の狼はさほど攻撃的ではない）。冬至か

p.144 - 145

狼づかい

　僻遠の農村部では、中世初期までさかのぼる狼づかいたちへの畏怖が19世紀まで残っていた。おそろしい彼らは狼たちを手なずけたり、その言葉を話したり、あるいは手にした楽器で狼たちを魅惑したりすることができる魔術師とみなされていた。もしそんな狼づかいに出会ったなら、怒らせたり、反論したりしない方がよい。さもなければ、彼は狼たちをけしかけて畜群や子どもたちを襲わせるからである。

モーリス・サンド「狼づかい」。母ジョルジュ・サンドの『田園伝説集』【前掲書】所収石版画。

ら公現祭【1月6日】まで、狼はことのほか攻撃的になる。ドイツ語ではこの時期をヴォルフツァイト（狼の時）とよぶ。夜が長く、寒さも厳しいため、餌も少なくなり、飢えた狼の危険度が最大となるからである。

　こうした情報にくわえて、いたるところで獰猛かつ狡猾で人肉を好むとされていた狼から身を守るため、ありとあらゆる手段がとられた。そのうちでもっとも効果的なのは特定の守護聖人に祈ることだった。フランスでは聖ウスタシュ【本書第3章参照】や聖女ジュヌヴィエーヴ【422頃—502頃。パリをアッティラの襲撃から守ったとされる。パリの守護聖女】、聖エルヴェ【第3章参照】、聖ユベール【第9章参照】、聖ローラン【ラテン語名ラウレンティウス。210頃—258。ローマ総督による教会財産の没収命令に従わず、これを貧民たちに分けて焚刑に処された殉教者】、聖ルー【第3章参照】、イタリアでは聖アンブロシウス【340頃—397。ミラノ司教・教会博士で、アウグスティヌスの師】や聖ブラシオス【316年没。トルコ・シヴァス（セバステイア）司教・殉教者】、聖ドナトゥス【355頃没。カルタゴ司教。ドナティスムとよばれた厳格主義を唱えてローマ教会から異端として断罪された】、アッシジの聖フランシスコ、聖オノフリオ【4世紀。エジプト・テーベ近郊の砂漠で60年ちかく独住したとされる隠修士】、ドイツ語圏では聖ブレーズ、聖コンラド、聖女ゲルトルート【620頃—659。ニヴェル女子修道院の初代院長で、ニヴェル市とワロニー・ブラバント地方の守護聖女】、聖コンラド【976没。コンスタンツ司教】、聖ルドルフ【1250没。ドイツ・ラツベルク司教】、聖ジンパート【750 - 807。アウクスブルク司教】、聖ヴォルフガング【934 - 994。バイエルン地方ラティスボン司教】、イギリス諸島（かなり早くから狼が姿を消している）では聖女ブリジット【451頃 - 525頃。修道女で、アイルランドの守護聖女】、聖カラドック【1124没。ウェールズの貴族出身で隠修士。ハープ奏者としても知られる】、聖コロンバヌス【543 - 615。アイルランドの修道士。13人の弟子とと

もに大陸に渡り、フランスや北イタリアに修道院を建立して、修道院文化の基礎を築いた】、聖エドマンド【841 – 869。イースト・アングリアの殉教王】、聖パトリック【ラテン語名パトリキウス。387頃 – 461。アイルランドにキリスト教を伝えた。同国の守護聖人】などに、である。

　一方、畜群を守るためには、牧人たちはさまざまな魔よけや呪文、護符にくわえて、多少ともキリスト教化された魔術的な祈りを用いた。後者のうち、もっとも一般的だったのは「狼の主祷文」とよばれるもので、その文言は地域ごとにかなり異なっていた。北仏のアルデンヌ地方で17世紀にもっとも普及していたそれは、以下のような文言だった。「狼よ、雄狼と雌狼よ、わたしは偉大な神の名においておまえを呪う。おまえはわたしやわたしの家畜たちに対する力を失い、大悪魔すらもはや祭壇におられる司祭たちに手出しができなくなるだろう。聖ジョルジュ【4世紀にルディアでドラゴンを退治して王女を救ったとされるゲオルギウス】がおまえの咽喉をしめ、聖ヨハネが歯をくだくからだ」。さらに18世紀のシャンパーニュ地方では次のような呪文が唱えられた。「7年間羊飼いをされていた聖女ジュヌヴィエーヴよ、わたしの畜群を狼からお守りください。聖女マリアよ、狼を押さえつけ、聖女アガタ【254

没。シチリア出身の殉教者。拷問で両方の乳房を切り落とされたとの故事から、近年では乳癌患者の治癒聖人としても信仰されている】よ、狼の脚をしばってください。そして聖ルーよ、狼を絞め殺してください」。ときには封建時代と同じように、狼を遠ざけるために喚声をあげたりもした。たとえばノルマディ地方では、12世紀から18世紀まで同じ文言が用いられた。「アルー、狼、アルー、アルー、アルー！」。だが、ときにはまた狼を呪うより、その機嫌をとることが選ばれた。1ないし2頭の子羊を差し出すのだが、さまざまな俚諺を信じるなら、これは畜群を守るうえでしばしばより有効な対策となった。

p.148 – 149

歴史画における狼

　19世紀の歴史画はしばしば中世のようすを描き、そのために不可欠な主題や人物を数多く登場させた。城郭、教会、十字軍、騎乗槍試合、騎士、聖堂騎士団、悪魔、魔女、錬金術師などである。このリストにはさらにきわめて野獣的な狼をくわえなければならない。だが、ここに登場している狼はおとなしい。

これはアッシジの聖フランシスコによって馴致されたグッビオの狼である【第3章参照】。ある精肉商がこの狼に餌をあたえ、少女が撫で、細い頭光がその頭上にみえる。

リュック＝オリヴィエ・メルソン【1846－1920】『アグッビオの狼』、1877年。リール宮殿美術館、Inv. P 500.

だが、狼そのものよりおそろしかったのは、狼づかいだった。悪魔とかわした盟約のおかげで、この人物は獣たちをしのぐ力を手に入れていたからだ。彼は狼に命じて、服従させることができた。狼たちを狩りから守り、自分の地下室や納屋に匿い、かわりにしばしば近隣の雌羊や女子どもたちを襲わせた。しかじかの家族に復讐するためである。その一方で、狼づかいは狼たちの攻撃や貪食を抑えたり止めさせたりすることもできた。彼は多少とも呪術師ないし魔術師的な謎めいた人物であり、のちにロマン主義文学では往時の木樵ないし牧人、さらには人狼として描かれるようになった。つねに赤い手袋をはめ、ヴァイオリン——弦は狼の腸でできていた——を奏で、狼の群れをつれている彼に出会ったなら、好意的な態度を示して、求められれば、狼たちのための食料を提供しなければならない。そうしなければ…

死んだ狼はいろいろ役に立つ。もはや脅威にならないというだけでなく、その死骸のさまざま部位が治療薬や予防薬として用いられたからである。たとえば毛皮はマントの素材となる。これは粗悪なものだが、それでも寒さをしのげ、猪や熊、蛇、そしてむろんほかの狼といった危険な生き物を遠ざけることができる。同様に、爪や歯や毛皮を護符として用い

れば、悪霊や悪の力から身を守ることができる。さらに狼の頭や脚を家や家畜小屋の扉にくくりつければ、侵入しようとする泥棒や魔術師、悪魔を防げる。それだけではない。その心臓やとくに肝臓は、乾燥させて粉末にし、これを水剤として服用すればさまざまな疾病やけが（有毒の生き物による刺し傷やかみ傷、悪性腫瘍、潰瘍性の傷、癲癇など）を治し、力と生気を戻してくれる。とりわけ効果があるのは性的な面で、狼の気と性器、つまりその脂と精液、尿、血、陰茎、尾からつくった薬や軟膏、媚薬、飲み物などは、男たちに強い精力をあたえてくれ、

狼と月

熊や狐などの野獣と同様、狼もまた月と特別な関係を保っていた。とくに秋と冬の夜、狼はうなり声を発する前に月のほうを向く。一部の古代の著作家たちは、アルテミスに守られたこの野獣は、多少なりと月に恋をしていたとしている。だが、別の著作家たちが断言しているところによれば、狼は自分の影を盗んだ月にそれを返してくれるよう求めているのだという。今日、民族学者や動物学者たちは、狼のうなり声は、とりわけ狩りの際、つまり黄昏時期と夜に、仲間たちと交信する手段だとしている。狼が頭を空に向けるのは、その声がよりよくとどくよう、ときには10キロメートル先までとどくようにするためだとしている。

イレーヌ・アンヴレア『雪上の狼』、1970年。個人蔵。

どれほど不妊質の女性でも多産にし、夫婦に不倫とは無縁の誠実さをまちがいなく授けてくれるとされていた。

　さまざまな俗信はまた狼を悪魔やサバト（魔女集会）と結びつけてもいた。中世のそれについてはすでに言及しておいたが、近代でもその事例を追加することできる。たとえば、ある伝承は狼がサタンによって生み出されるやいなや、この生みの親の踵にかみつき、跛者にしてしまったと説いている。ほとんどの農村部で語られているある伝承によれば、狼は脚が悪くなくても後半身が弱く、力は前半身に集中しているという。それゆえ、狩りの場合は、狼の後ろから攻撃して身体を反回転させ、さらに後ろから攻めて、くるくる回転させなければならないともいう。さまざまな図像には、ある人物が１本のロウソクを手に狼に後ろ向きにまたがり、狼をからかっている様が描かれているが、それはこうした伝承に由来する。

　近代の俗信はまた狼と月との関係を強調しているが、これについてもいくつか伝承がある。月に自分の影を盗まれた狼が、それを返すよう、月に向かって吠えているとか、狼が月に恋心をいだいたため、毎夜のようにその愛を叫んでいるといった伝承である。後代に文字化されたこれらの伝承は、こうした狼の行動にロマン主義的な説明をあたえている。往古、冬の長い夜に、おそらく月は地上に降り、自分が知らない謎や神秘を見つけ出そうとした。だが、ある森で木の枝がからまって、ほどくことができなかった。それをほどいてくれたのが、ほかならぬ狼だった。彼らはこうして相思相愛となり、その夜、ともに遊んだり、話あったり、愛を交しあったりした。そして、払暁、月は立ちさるが、この夜の格別の想い出として、狼の影をもちさった。それ以来、狼は月にふたたび降りてきてくれるよう哀願しているというのだ。月の満ち欠けに応じて、狼のうなり声に強弱があるのはそのためだともいう。

　ヨーロッパやアジア（狼同様、主役は熊や狐となっている）で広く語り継がれてきたこの美しい物語は、遠いギリシア神話を想い起させる。月の女神アルテミスはまた野獣たちの女神でもあった。野獣たちはこの女神に向かって忠誠を誓い、敬意ないし畏敬と感謝の言葉を捧げたものだった。

第12章

現代の狼

長いあいだ怖れられ、非難され、そしておそらくほかのいかなる動物よりも侮蔑されてきた狼の文化史とイメージ。それは現代社会にどれほど残っているだろうか。ありていにいえば、たいしたものはない。たしかに一部の人名や地名はルー（狼）をふくんでいる。フォークロアに属する寓話や伝説・伝承はすでに失われつつあるが、いくつかの言いまわしや表現はなおも現代フランス語に残っている。「黄昏時に」【字義は「狼と犬のあいだ」】、「ひどく空腹である」【「狼の飢えをもつ」】、「凍てつくような寒さである」【「狼の寒さである」】、「しのび足で歩く」【「狼の足どりで歩く」】、「1列縦隊で歩く」【「狼と狼の尻尾で歩く」】、「世間に知れわたっている」【「白狼のように知られている」】、「危機におちいる」【「狼の口に身を投げる」】、「噂をすれば影」【「狼の話をすれば、その尻尾が見える」】などである。

19世紀末から、つまり、もはやほとんど農村部を徘徊したりすることがなく、狂犬病に対する有効なワクチンができて

から、狼は日常生活のみならず、想像力の世界でもさほどめだたなくなった。それは脱神話化され、穏やかになり、まずは文学（とくに少年少女向けの）、ついで幼児向けの絵本や玩具、さらにのちにはアニメや漫画、映画、テレビ・ドキュメンタリー、テレビゲームなどで再評価されてもいる。大いなる邪悪な狼の時代がすぎて、かわいらしい狼の子、人間の友だちないし仲間、勇敢かつ恵み深い雌狼、模範的な狼の群れの時代となったのだ。以後、フィクションの分野では、平凡な俗物で暴力的、そして臆面もない人間が、しばしば狼よりも危険ないしおぞましい存在として登場するようになっている。あるいはまた一般には人畜無害とみなされている動物が、狼そのもの対しては意地悪ないし残酷な存在となったりもする。たとえば、アニメで大評判をよんだパロディックな『かわいい狼と3匹の意地悪な子豚』や、それと類似した（ただし、より詩的な）、やはり子ども向けの数通りの絵本にみられる『3匹のか

狼たちのなかのモーグリ──子ども向け絵本

『ジャングル・ブック』の原著は、イギリスの作家ラドヤード・キップリングが1894年に発表した短編小説集である。物語の大部分はインドを舞台とし、主人公は狼たちにひろわれ、育てられた少年モーグリ。この著作は大評判となって映画にもなり（とくにアニメ）、児童書が数多く出されるきっかけとなった。

アンヌ・フランサク『モーグリと狼たち』、セバスチャン・プロンによる挿画。パリ、フラマリオン社、2016年（ペール・カストルの絵本叢書）

わいい狼と意地悪な豚』などである。煩をいとわず要約すれば、3匹の感じのよい狼の子は、それぞれ異なる資材を用いて自分の家を建てることにした。だが、子狼たちは自分たちをむさぼろうとしていた獰猛で意地悪な豚の危険を忘れていた。この豚はきわめて力が強く、木でもレンガでも、コンクリートですらそれに

豚の怒りをやわらげるため、大きな家を建てることにする。花でこしらえた家である。

こうした狼の反転したイメージをはじめて考えた先駆者のひとりは、1894年に初版を発表した2巻本の『ジャングル・ブック』で知られる、イギリスの作家ラドヤード・キップリング（1865－1936）である。これは短編小説集で、その筋立ては野生動物たちのあいだで展開する。作品群の一部に主人公として登場するのは、ジャングルのなかで親を見失ったインド人少年のモーグリ（モウグリ）。彼は狼たちによってひろわれ、育てられる。大人はもとより、子どもでも理解できるそのさまざまな冒険は、まぎれもない道徳的・社会的童話となっている。モーグリは自分を守ってくれた好意的な動物たちに囲まれて成長する。養母である雌狼のラクシャ、乳兄弟のグリ、一族の長である老いた狼のアケーラ、そして友だちの熊のバルーやヒョウのバギーラ、ニシキヘビのカーなどである。この後三者はモーグリの教育にかかわり、ほかの動物たち、たとえば虎やジャッカル、サル、赤犬から守ってもくれた。そこでは狼たちが自由に生き、ジャングルが理想的でないまでも、規範的な生活を形づくっている。のちにボーイスカウト運動はまさにここにひとつのモデルを見出す。

抵抗できないほどだった。事実、豚はこれら3匹の家を次々と壊し、コンクリートの家もその害をまぬがれることができなかった。そこで子狼たちは自分を守り、

狼の体内で

　児童書の著者にとってきわめて大きな魅力は、さまざまな童話を再解釈したり、その一部を融合させたりすることである。たとえばクロード・ポンティは、この事例にみられるように、狼の体内で生きている赤頭巾ちゃんと祖母を描き、さらに後段では狩猟者たちが満腹している狼の腹を切り裂き、少女と老婆のかわりに石を入れる場面もある。

クロード・ポンティ『狼の体内で』。パリ、レコール・デ・ロワジール社、2007年。

Dans le loup, il y a le Petit　Chaperon rouge et sa grand-mère.

　すなわち、独自の民俗学的解釈によって、8歳から12歳までの団員（群れ）を「狼の子たち」（カブスカウト）とよぶようになるのである。

　キップリングの作品は人間社会の外で動物たちひろわれ、授乳され、育てられた野生児たちの話と呼応している。これらの話は神話（パリス【育てたのは羊飼い】、ロムルスとレムスなど）のみならず、文学（「ヴァランタンとオルソン」【森にすてられた双生児が一方は宮廷、他方は熊に育てられ、やがて闘うことになるが、神託で兄弟であることを知り、力を合わせて母親を救い出す話】、ターザン）にもみられる。それはまたなにほどか歴史的な現実性をおびてもいる。話がときにかなり明確に記録化されてもいるからである。17世紀から19世紀にかけて、ドイツやスイスをふくむ中欧やスカンディナヴィア、さらにフランスでも、何人かの野生児が森で見つかっている。たしかにその一部はいつわりだが、なかにはまちがいないと思えるものもある。たとえば、ポーランドのとある森のもっとも奥まりで

児童書のなかの狼

　現代の児童書は狼の再評価におおいに貢献している。そこでの狼は昔話にあるのとは異なって貪欲でも残酷でもなく、愛されないことに苦しみ、皆の友だち、とくに幼い読者たちの仲間になることを願う興味深い動物となっているのだ。だれかに自分の誕生日を祝ってもらいたいと願う、不幸で多少愚かな狼パタトラの話がまさにそうである。

フィリップ・コランタン『パタトラ！』。パリ、レコール・デ・ロワジール社、1994年。

1663年に見つかった、少年ユゼフ・ウルシニの場合がそうである。数年とまではいかないものの、すくなくとも数か月間、彼は1頭の雌熊に授乳され、育てられて守られてもいた。一方、1797年に発見されたアヴェロン地方【中央山地南西部】のヴィクトルと名づけられた少年の事例は、これと異なっている。4つ足で歩き、草を食料とし、水をおそれ、ろうあで身体の大部分を毛でおおわれてい

テックス・エイヴリー【1908−80】の好色な狼

　一部の漫画におずおずと登場した狼は、やがてテックス・エイヴリーのアニメの世界で重要な役柄となり、彼が監督した1942年封切りの反ナチ短編アニメ（カートゥーン）である『ブリッツ・ヴォルフ』では、悪人を演じた。だが、翌年、同じエイヴリーが前作をさらに面白おかしく改作した『おかしな赤頭巾』では、少し頭のいかれた好色な狼として有名になった。

テックス・エイヴリー監督『おかしな赤頭巾』、短編アニメ。MGM、1943年。

たこの少年は野獣に似ていたが、実際は
そうではなかった。野獣にひどくおびえ、
狼や熊にいかなる親近感もいだいていな
かった。つまり、虐待された捨て子だっ
たのである【ヴィクトルは言語の習得な
ど社会化が試みられたが成功せず、1828年
に40歳（推定）で没している】。少年の話
はフランソワ・トリュフォー監督の映画
『野生の少年』（1969年）にとりあげら
れている。

　20世紀初頭には、あるアメリカ人作
家が狼に対する見方を大きく変える。野
生の自然や、狼ないしシェパード犬を主
人公とする一連の冒険小説を著わした
ジャック・ロンドン（1876 – 1916）で
ある。その作品としては、たとえば『狼
の息子』（1900年）や『野生の叫び』
（1903年）、『白い牙』（1906年）などが
あるが、この最後の小説は雌犬と雄狼の
あいだに生まれた雑種の息子の悲しい話
を扱ったもので、彼は燃えるように自由
を求めたが、狼や犬の群れのなかにも、
人間の世界にも自分の場所を見つけ出す
ことができなかった。

　1930年からは、狼はまず児童文学に、
ついで絵入り雑誌や短編アニメに主役と
して登場するようになる。つまり、いっ
ぷう変わった、しばしば愚かな、だがつ
ねに魅力的な生き物に変身したのである。
たとえばテックス・エイヴリーが1942
年の短編アニメのために生み出した狼
ウォルフィは、ときには好色な誘惑者、
ときには虚栄心の強い不器用な盗賊だが、
過度かつ愚かしい性格の持ち主として描

狼、パッションを激化させる動物

　フランスの一部の地
域に狼を再導入した
り、これを保護したり
することは、激しい論
争やデモを招いてい
る。牧畜関係者・狩猟
者とエコロジスト・生
態系擁護者との対立に
よるもので、双方の主
張はいささか行き過ぎ
のきらいなしとしな
い。狼が家畜を食べる
という非難は的外れで
あり、狼が1世紀以上
前から姿を消した地域
に人為的に再導入する
というのもまたしかり
である。だが、政府の
政策はさらに的外れと
いえる。一方で毎年狼
の何パーセントかの退
治を許可しながら、他
方でその再導入を促進
しているからである。
これでは、野獣の狼と
してもたまったもので
はない！

狼の狩りと絶滅化に反対
する狼擁護者たちのデ
モ。リヨン、2016年秋。

新しい狼戦争

　狼の自然の回帰と、それが姿を消しているヨーロッパの一部の地域への人為的な狼の再導入は、この10年あまり、激しい論争をまねいている。家畜たちによって生計を立てている牧畜関係者たちと、野獣が野生の状態で生きる権利をもっているとする自然保護者たちのあいだで、である。こうした論争はポスターやプラカード、横断幕、声明、宣言、さらには絵本に大量の図像表現を生んでいる（狼に反対・賛成するため）。

アレックス・ミッチェル「指名手配」。2010年、個人蔵。

かれたことによって共感をよんだ。不器用で本能を制御できないこの狼は、多少とも中世の狼、すなわち『狐物語』に登場するイザングランを想い起こさせる。だが、ウォルフィはイザングランよりはるかに「性的」で、とくにそれは有名な童話をリライトした称賛すべき短編アニメ『おかしな赤頭巾』（1949年）に顕

著にみられる。この話は、赤頭巾が舞台の上で挑発的なピンナップ・ガール役を演じているナイトクラブに、狼が入るところからはじまる。欲望にかられた狼はなんとか彼女を誘惑しようとして、いっしょにすごすよう夜会に招く。だが、彼女は祖母を訪れる約束があるので、すぐに帰らなければならないと言う。そこで狼は先まわりをして、彼女を待ち受ける。ところが、ひとたび狼がその場に着くと、彼より好色で、彼をなんとか魅惑して犯そうとする老女に襲われてしまう。野獣はようやくその危機を脱して退散する。そして、娘であろうと少女であろうと、二度と女性を誘惑したりしないと心に誓うのだった。

　それから数十年のあいだ、狼の擁護者たちは文学や映画、あるいは芸術的な創作の分野で、もはや狼の弁護士になるだけでは満足しなくなる。1970年代からしだいに数を増していった彼らは、政治的なエコロジー運動にくわわり、何世紀にもわたってこの動物に対してなされてきた不当な行為、すなわち、理由もなく無卓見にその絶滅をはかってきた行為——彼らの考えでは——を非難している。そして今日、彼らはいっしょになってきわめて活動的な連盟を組織し、狼の再導入だけでなく、狼が野生の状態で生きる権利を有していると唱え、動物種の正常

化と自然空間の均衡におけるその重要な役割を強調している。だが、それは家畜がしばしば狼の犠牲となる牧畜関係者たちや、同じ獲物（とくに鹿科）を追いかけるこの野獣をライバルとする狩猟者たちとのあいだに、かなり激しい対立をまねいている。そのかぎりにおいて、狼は中世やアンシャン・レジーム期と同様に、なおもパッションに火をつける動物となっているのだ。

　動物学者や民族学者によって支持された狼の庇護者たちはまた、残酷な捕食獣で人肉嗜食者であると、あまりにも長いあいだ告発されてきた狼のイメージを復権するために闘ってもいる。彼らによれば、こうした告発に根拠はなく、狂犬病にかかってでもいないかぎり、狼が人間を襲うことはないという。ここでもまた、彼らと正反対のことを主張する歴史家たちとのあいだでしばしば激しい論争が起きている。後者は、15世紀から19世紀までのヨーロッパで、なぜ狼が山羊や羊だけでなく、人間の男女や子どもたちにとっても真の危険とみなされていたかということを、確固たる証拠にもとづいて説いているのだ。

　動物の訴訟にかかわるあまりにも熱心すぎる弁護士たちが、こうしたさまざまな歴史資料と歴史家たちの研究を問題視するということは、なにほどか憂慮せざ

るをえない。ただ、いずれ自然科学や生命科学の実証主義がさらに発展すれば、もはや大文字の「歴史」だけでなく、すべての人間科学に異議が申し立てられ、批判もされるだろう。とすれば、今日の知をもって永遠普遍の真理であり、それゆえに過去——遠い過去をふくむ——にもただちに移し替えることができる真理だとみなすのは、たんに愚かなことというだけでなく、危険なことともいえるだろう。

狼のぬいぐるみ

　ぬいぐるみの動物誌は過去数十年間でいちじるしく多様化した。そこではたしかに熊がなおも主役であるが、かつてはあまりにもネガティヴなものとしてしかみられなかった狼もまた、ついに登場するようになっている。これは狼の否定しがたい再評価といえるだろう。

寛容で魅力的な「狼」が児童文学のヒーローとして最初に登場したのは、『色を変えようとした狼』（オリアンヌ・ラルマン著、パリ、オズー社、2009 年）のなかである。

原典・参考文献

1. 原典

古典

Apollodore, *Bibliothèque* (アポロドーロス『ビブリオテーケー』), éd. G. Frazer, Londres et New York, 1921, 2 vol.

Aristote, *Historia animalium,* éd. Ettrad. M. Camus, Paris, 1783, 2 vol (アリストテレス『動物誌』, 島崎三郎訳, 岩波文庫, 1998・99年).

—, *Historia animalium.*, éd. et trad A. L. Peck et D. M. Balme, Londres, 1965-1990, 3 vol.

Augustin (saint), *Sermones* (アウグスティヌス『説教集』), Turnhout, 1954 (*Corpus Christianorum, Series Latina*, 32).

Élien (Claudius Aelianus), *De natura animalium libri XVII* (クラウディオス・アイリアノス『動物の特性について』), éd. R. Hercher, Leipzig, 1864-1866, 2 vol.

—, *De natura animalium libri XVII* (前同), éd. A. F. Scholfield, Cambridge (États-Unis), 1958-1959, 3 vol.

Oppien, *Cynégétiques* (オッピアヌス『狩猟術』), éd. A. W. Mair, Cambridge (États-Unis), 2002.

Ovide (Publius Ovidius Naso), *Les Métamorphoses*, éd. G. Lafaye, Paris, 1928-1930, 3 vol. (オウィディウス『変身物語』, 中村善也訳, 岩波文庫, 1981・84年)

—, *Les Fastes*, éd. R. Schilling, Paris, 1992 (同『祭暦』, 高橋宏幸訳, 国文社, 1994年).

Pausanias, *Graecae description* , éd. F. Spiro, Leipzig, 1903, 3 vol (パウサニアス『ギリシア案内記』, 馬場恵二訳, 岩波文庫, 1991・92年).

Pline l'Ancien (Gaius Plinius Secundus), *Naturalis historia* (大プリニウス『博物誌』), éd. A. Ernout, J. André et al., Paris, 1947-1985, 37 vol.

Solin (Caius Julius Solinus), *Collectanea rerum memorabilium* (カイウス・ユリウス・ソリヌス『奇異事物集成』), éd. Th. Mommsen, 2ᵉ éd., Berlin, 1895.

Xénophon, *L'Art de la chasse* (クセノポン『狩猟術』), éd. E. Delebecque, Paris, 1970.

中世文献

Albert le Grand (Albertus Magnus), *De animalibus libri XXVI* (アルベルトゥス・マグヌス『動物について』), éd. H. Stadler, Münster, 1916-1920, 2 vol.

Alexandre Neckam (Alexander Neckam), *De naturis rerum libri duo* (アレクサンダー・ネッカム『物事の本質について』), éd. Th. Wright, Londres, 1863 (*Rerum Britannicarum medii aevi scriptores, Roll Series*, 34).

Barthélemy l'Anglais (Bartholomaeus Anglicus), *De priorietatibus rerum...* (バルトロメウス・アングリクス『事物の諸性質について』), Francfort-sur-le-Main, 1601 (réimpr. Francfort-sur-le-Main, 1964).

Bestiari medievali(『中世動物誌』), éd. L. Morini, Turin, 1996.

Bestiarum (『動物誌』) (Oxford, Bodleian Library, Ms. Ashmole 1511), éd. F. Unterkircher, *Die Texte der Handschrift Ms. Ashmole 1511 der Bodleian Library Oxford. Lateinisch-Deutsch*, Graz, 1986.

Brunet Latin (Brunetto Latini), *Li livres dou tresor* (ブルネット・ラティーニ『宝典』), éd. F. J. Carmody, Berkeley, 1948.

Capitularia regum Francorum

（『フランク王国法令集』），
éd. A. Boretius et V. Krause,
Hanovre, 1893-1897, 7 vol.
(*Monumenta Germaniae
Historica, Leges*, II).

Gace de la Buigne, *Le Roman
desdeduits*（ガス・ド・ラ・ビュ
イニュ『気ばらし物語』），
éd. W. Blomqvist, Karlshamn
(Suède), 1951.

Gaston Phébus, *Livre de la chasse*
（ガストン・フェビュス『狩り
の書』），éd. G. Tilander,
Karlshamm (Suède), 1971
(*Cynegetica*, XVIII).

Guillaume d'Auvergne, *De
universo creaturarum*（ギョー
ム・ドーヴェルニュ『被造
物の世界について』），éd. B.
Leferon, dans *Opera omnia*,
Orléans, 1674.

Guillaume le Clerc, *Le Bestiaire
divin*（ギョーム・ル・クレール
『神の動物誌』），éd. C. Hippeau,
Caen, 1882.

Hardouin de Fontaines-Guérin, *Le
Trésor de vénerie*（アルドワン・
ド・フォンテーヌ＝ゲラン
『狩猟宝典』），éd. H. Michelant,
Metz, 1856.

Henri de Ferrières, *Les Livres du
roy Modus et de la royne Ratio*
（アンリ・ド・フェリエール『風
習王と理性王妃の書』），2 vol,
éd. G. Tilander, Paris, 1932.

Huon de Méry, *Le Tournoiement
Antechrist*（ユオン・ド・メリ
『反キリストの試合』），éd. G.
Wimmer, Marbourg, 1888.

Isidore de Séville (Isidorus
Hispalensis), *Etymologiae
seuorigines*（セビリャのイシ
ドールス『語源』），livre XII,
éd. J. André, Paris, 1986.

Jean Froissart, *Chroniques* (livres
III et IV)（ジャン・フロワサー
ル『年代記』），éd. P. Ainsworth
et A. Varvaro, Paris, 2004.

Konrad von Megenberg, *Das Buch
der Natur*（コンラート・フォン・
メゲンベルク『自然の書』），
éd. F. Pfeiffer, Stuttgart, 1861.

Legum nationum germanicarum
（『ゲルマン法令集』），éd. K.
A. Eckhardt, Hanovre, 1962,5
vol. (*Monumenta Germaniae
Historica, Leges, I*).

Liber monstrorum（『怪物の書』），
éd. M. Haupt, *Opuscula*, vol. 2,
Leipzig, 1876, p. 218-252.

Philippe de Thaon, *Bestiaire*
（フィリップ・ド・タオン『動
物誌』），éd. E. Walberg, Lund et
Paris, 1900.

Pierre de Beauvais, *Bestiaire*
（ピエール・ド・ボーヴェ
『動物誌』），éd. C. Cahier et
A. Martin, dans *Mélanges
d'archéologie, d'histoire et de
littérature*, tome 2, 1851, p. 85-
100, 106-232 ; tome 3, 1853, p.
203-288 ; tome 4, 1856, p. 55-87.

Pierre Damien (Petrus Damianus),
De bono religiosi status
（ペトルス・ダミアヌス『よき
宗教的状態について』），
Patrologia Latina, vol. 106, col.
789-798.

Pseudo-Hugues de Saint-Victor,
De bestiis et aliis rebus（ユーグ・
ド・サン＝ヴィクトル伝『動物
誌』），Patrologia Latina, vol.
177, col. 15-164.

Raban Maur (Hrabanus Maurus),
De universo（ラバヌス・マウル
ス『万象について』），Patrologia
Latina, vol. 111, col. 9-614.

Reinhart Fuchs, éd. J. Grimm,
Berlin, 1834（『ラインケ狐』
伊藤勉訳，岩波文庫，1952 年）.

Richard de Fournival, *Bestiaire
d'Amour*（リシャール・ド・フ
ルニヴァル『愛の動物誌』），
éd. C. Segre, Milan et Naples,
1957.

Le Roman de Renart（『狐物語』），
éd. A. Strubel et al., Paris, 1998
(Bibliothèque de la Pléiade).

Saxo Grammaticus, *Gesta
Danorum*, éd. J. Olrik et H.
Raeder, Copenhague, 1931.
（サクソ・グラマティクス
『デンマーク人の事績』，谷口
幸男抄訳，東海大学出版会，
1993 年）.

Thomas de Cantimpré (Thomas
Cantimpratensis), *Liber de
naturarerum*（トマス・カンティ
ンプラテンシス『物事の本質
の書』），éd. H. Böse, Berlin,
1973.

Twiti, *La Vénerie de Twiti*
（トゥウィッティ『トゥウィティ
の狩猟術』），éd. G. Tilander,
Uppsala, 1956 (*Cynegetica*, II).

Vincent de Beauvais (Vincentius
Bellovacensis), *Speculum
naturale*（ヴァンサン・ド・ボー
ヴェ『自然の鑑』），Douai,
1624 (reimpr. Graz, 1965).

Ysengrimus（『イセングリムス』），
éd. et trad. J. Mann, Leyde,
1987.

近代文献

Aldrovandi (Ulisse), *De quadrupedibus solipedibus* (ウリッセ・アルドロヴァンディ『単蹄四足獣について』). Volumen integrum Ioannes Cornelius Uterverius collegit et recensuit, Bologne, 1606.

Buffon (Georges-Louis Leclerc), *Histoire naturelle générale et particulière, VII (Les Animaux carnassiers), Paris, 1758*, (ジョルジュ=ルイ・ルクレール・ビュフォン『一般と個別の博物誌』, ベカエール直美訳, 工作社, 1991年).

Clamorgan (Jean), *La Chasse du loup nécessaire à la maison rustique* (ジャン・クラモルガン『農家に不可欠な狼狩り』), Paris, 1574.

Gesner (Conrad), *Historia animalium liber I. De quadrupedibus viviparis* (コンラート・ゲスナー『動物誌』巻1「胎生四足獣」), Zurich, 1551.

—, *Icones animalium quadrupedum viviparorum et oviparorum, quae in Historiae animalium Conradi Gesneri libro I et II describuntur* (同『胎生・卵生四足獣図録』), Zurich, 1553.

Jonston (Johannes), *Historiae naturalis de quadrupedibus libri XII* (ヤン・ヨンストン『四足獣の博物誌』), Francfort-sur-le-Main, 1650.

La Fontaine (Jean de) *Fables*, Paris, 1668-1693, 3 vol (『ラ・フォンテーヌの寓話』, 窪田般彌訳, 沖積舎, 2006年).

Magnus (Olaus), *Historia de gentibus septentrionalibus...*, Rome, 1555（オラウス・マグヌフ『北方民族文化誌』, 谷口幸男訳, 渓水社, 1991・92年）.

Scheffer (Johannes), *Histoire de la Laponie, sa description, ses moeurs, lamanière de vivre des habitants* (ヨハネス・シェフェルス『ラップランド史——その記述、習俗、住民の生活様式』), Paris, 1678.

Thiers (abbé Jean-Baptiste), *Traitédes superstitions selon l'écriture sainte...*（ジャン=バティスト・ティエール神父『聖典にもとづく俗信論』), 2ᵉ éd., Paris, 1697-1704, 3 vol.

Topsell (Edward), *The History of Foure-Footed Beastes...*（エドワード・トプセル『四足獣の歴史』), Londres, 1607.

2. 狼自体の歴史

総説

Bernard (Daniel) et Dubois (Daniel), *L'Homme et le Loup*, Paris, 1981（ダニエル・ベルナール & ダニエル・デュポワ『人間と狼』高橋正男訳, 平凡社, 1991年）.

Bobbé (Sophie), *L'Ours et le Loup. Essai d'anthropologie symbolique*（ソフィ・ボベ『熊と狼——象徴人類学試論』), Paris, 2002.

Campion-Vincent (Véronique) et al., éds, *Le Fait du loup. De la peur à la passion : le renversement d'une image*（ヴェロニク・カンピオン=ヴァンサンほか共編『狼のこと。恐怖から愛着へ——イメージの転換』), Grenoble, 2002 (*Le Monde alpin et rhodanien*, n° 1-3/2002).

Carbone (Geneviève), *La Peur du loup*（ジュヌヴィエーヴ・カルボヌ『狼の恐怖』), Paris, 1991.

—, *L'Abécédaire du loup*, Paris（同『狼入門』), 1996.

Delvaux (Françoise) et Mossou (Maggy), *Quand on parle du loup*（フランソワズ・デルヴォー & マギー・モス『人が狼について語るとき』), Liège, 1999.

Demard (Albert et Jean-Christophe), *Le Chemin des loups. Réalité et légendes*（アルベール & ジャン=クリストフ・ドゥマール『狼の道——実態と伝説』), 4ᵉ éd., Langres, 1986.

Landry (Jean-Marc), *Le Loup. Biologie, moeurs, mythologie, cohabitation, protection*（ジャン=マルク・ランドリ『狼——生物学、習性、神話、共存、保護』), Paris, 2001.

Lopez (Barry), *Of wolves and Men*, Londres, 2008（バリー・ロペス『オオカミと人間』, 中村妙子・岩原明子訳, 草思社,

1984 年).

Madeline (Philippe) et Moriceau (Jean-Marc), éds, *Repenser le sauvage grâce au retour du loup. Les sciences humaines interpellées*（フィリップ・マドレーヌ＆ジャン＝マルク・モリソー編『狼の再導入にともなう野生の再考——問われる人間科学』）, Caen, 2010.

Marvin (Garry), *Wolf*（ゲアリー・マーヴィン『狼』）, Londres, 2012.

Mech (David) et Boitani (Luigi), éds, *Wolves. Behaviour, Ecology and Conservation*（デイヴィッド・メック＆ルイジ・ボイタニ『行動、エコロジー、保存』）, Chicago, 2003.

Ménatory (Gérard), *Le Loup : du mytheà la réalité*（ジェラール・メナトリ『狼——神話から現実まで』）, Paris, 1987.

Moriceau (Jean-Marc), *L'Homme contre le loup. Une guerre de 2000 ans*（ジャン＝マルク・モリソー『狼に抗する人間——2000 年間の闘い』）, 2e éd., Paris, 2013.

—, *Le Loup en questions. Fantasmes et réalités*（同『狼問題——幻想と現実』）, Paris, 2015.

Ragache (Claude-Catherine et Gilles), *Les Loups en France Légendes et réalité*（クロード＝カトリーヌ＆ジル・ラガシュ『フランスの狼——神話と現実』）, Paris, 1981.

Schöller (Rainer), *Eine Kulturgeschichte des Wolfs*（ライナー・シェラー『狼の文化誌』）, Fribourg, 2017.

古代

Bloch (Raymond), *Les Origines de Rome*（レイモン・ブロック『ローマの起源』）, Paris, 1994.

Boyer (Régis), *L'Edda poétique*（レジ・ボワイエ『詩的エッダ』）, Paris, 1992.

Dulière (Cécile), *Lupa Romana. Recherches d'iconographie et essai d'interprétation*（セシル・デュリエール『ローマの狼——図像学的研究と解釈試論』）, 2 vol , Bruxelles et Rome, 1971.

Gershenson (Daniel E.), *Apollo the Wolf-God*（ダニエル・E・ガーシェンサン『狼神アポロン』）, Virginie (États-Unis), 1991.

Graf (Fritz), *Apollo*（フリッツ・グラフ『アポロン』）, Londres, 2008.

Guelpa (Patrick), *Dieux et mythes nordiques*（パトリック・ゲルパ『北方の神々と神話』）, Villeneuve-d'Ascq, 2009.

Poucet (Jacques), *Les origines de Rome*（ジャック・プーセ『ローマの起源』）, Bruxelles, 1985.

中世

Bossuat (Robert), *Le Roman de Renart*（ロベール・ボシュア『狐物語』）, Paris, 1967.

Charbonnier (Élisabeth), *Le Roman d'Ysengrin*（エリザベト・シャルボニエ『イザングラン物語』）, Paris, 1991.

Flinn (John), *Le Roman de Renart dans la littérature française et dans les littératures étrangères au Moyen Âge*（ジョン・フラン『中世のフランス文学と外国文学における狐物語』）, Paris, 1963.

Galloni (Paolo), *Il cervo e il lupo. Caccia e cultura nobiliare nel medioevo*（パオロ・ガローニ『鹿と狼——中世の狩猟と貴族文化』）, Rome et Bari, 1993.

Hervieux (Léopold), *Les Fabulistes latins depuis le siècle d'Auguste jusqu'à la fin du Moyen Âge*（レオポル・エルヴュー『アウグストゥスの世紀から中世末までのラテン寓話作家たち』）, Paris, 1884-1899, 5 vol.

Jauss (Hans Robert), *Untersuchungen zur mittelalterlichen Tierdichtung*（ハンス・ロバート・ヤウス『中世ドイツの動物誌研究』）, Tübingen, 1959.

Mann (Jill), *Ysengrimus : Text with Translation, Commentary*（ジル・マン『イセングリムス——訳文・注釈・序文』）, *and Introduction*, Leyde, 1987.

Millin (Gaël), *Les Chiens de Dieu. La représentation du loup-garou en Occident* (XVe-XX^esiècle)（ガエル・ミラン『神の犬——西洋における人狼の表現』）, Brest, 1993.

Ortalli (Gherardo), « Natura, storia emitografia del lupo nel medioevo »（ゲラルド・オルタッリ『中世の狼の性質、物語、神話』）, dans La Cultura, XI, 1973, p. 275-311.

―, *Lupi, genti, culture. Uomo e ambientenel Medioevo*（同『狼・人間・文化――中世の人間と環境』）, Turin, 1997.

Pluskowski (Aleksander), *Wolves and the Wilderness in the Middle Ages*（アレクサンダー・プルスコウスキ『中世の狼と荒れ地』）, Woodbridge, 2006.

Scheidegger (Jean R.), *Le Roman de Renart ou le texte de la dérision*（ジャン・R・シェデゲル『狐物語ないし錯乱のテキスト』）, Genève, 1989.

近現代

Albanese (Ralph), *L'OEuvre de Jean de La Fontaine (1621-1695) dans les cursus scolaires de la Troisième République*（ラルフ・アルバネズ『第3共和政のカリキュラムにおけるジャン・ド・ラ・フォンテーヌの作品』）, Charlottesville, 2003.

Baillon (Jacques), *Nos derniers loups. Les loups d'autrefois en Orleanais. Histoire naturelle, folklore, chasse*（ジャック・バイヨン『最後の狼――オルレアン地方の往時の狼たち。博物誌、フォークロア、狩猟』）, Orléans, 2009.

―, *Le Loup en France au XXᵉ siècle. Recherches bibliographiques*（同『20 世紀

のフランスの狼――書誌学的研究』）, Orléans, 2014.

Bettelheim (Bruno), *Psychanalyse descontes de fées*（ブルーノ・ベッテルハイム『お伽話の精神分析』）, Paris, 1976.

Comincini (Marco), éd., *L'uomo e la « bestia antropofaga ». Storia del lupo nell'Italia settentrionale dal XV al XIX secolo*（マルコ・コミンチーニ編『人間と「人食獣」――15-19 世紀の南イタリアにおける狼の歴史』）, Milan, 2002.

Dandrey (Patrick), *Dans la fabrique des fables. Poétique de La Fontaine*（パトリック・ダンドレ『寓話の生産――ラ・フォンテーヌの詩学』）, Paris, 1992.

Durand-Vaugaron (Louis), « Le loup en Bretagne pendant cent ans (1773-1872) d'après des documents inédits »（ルイ・デュラン＝ヴォーガロン『未刊資料による 100 年間 (1773-1872 年) のブルターニ地方における狼』, dans *Annales de Bretagne*, tomes LXX (1963), p. 291-338, et LXXI (1964), p. 269-313.

Louis (Michel), *La Bête du Gévaudan. L'innocence des loups*（ミッシェル・ルイ『ジェヴォーダンの獣――無実の狼たち』）, Paris, 2001.

Mitts-Smith (Debra), *Picturing the Wolf in Children's Literature*（デブラ・ミッツ＝スミス『児童文学における狼の描写』）, Londreset New York, 2010.

Moriceau (Jean-Marc), *La Bête du*

Gévaudan（ジャン＝マルク・モリソー『ジェヴーダンの獣』）, 1764-1767, Paris, 2008.

Otten (Charlotte), éd., *A Lycanthropy Reader. Werewolves in Western Culture*（シャーロット・オッテン『人狼読本――西洋文化における人狼たち』）, Syracuse (États-Unis), 1986.

Pfeiffer (Thomas), *Sur les traces des « brûleurs de loups ». L'homme et le oup en Dauphiné*（トマ・フェフェル『《狼焼きたち》の足跡について――ドーフィネ地方における人間と狼』）, Paris, 2009.

Pic (Xavier), *La Bête qui mangeaitle monde en pays de Gévaudan et d'Auvergne*（グサヴィエ・ピク『ジェヴォーダンとオーヴェルニュ地方において世界を食していた獣』）, Paris, 1968.

Pourret (Pierre), *Histoire de la bête du Gévaudan, véritable fléau de Dieu*（ピエール・プーレ『神の真の災禍だったジュヴォーダンの獣の歴史』）, Mende, 1881.

3. ヨーロッパにおける野生動物の歴史

総説

Bodson (Liliane), éd., *L'Histoire de la connaissance du compor-*

tement animal（リリアヌ・ボドソン編『動物の行動についての理解の歴史』）, Liège, 1993 (Colloque d'histoire des connaissances zoologiques, vol. 4).

Bodson (Liliane) et Ribois (R.), éds, *Contribution à l'histoire de la domestication*（リリアヌ・ボドソン＆R・リボワ共編『家畜化の歴史試論』）, Liège, 1992 (Colloque d'histoire des connaissances zoologiques, vol. 3).

Boudet (Jacques), *L'Homme et l'Animal. Cent mille ans de vie commune*（ジャック・ブーデ『人間と動物——共生の10万年』）, Paris, 1962.

Chaix (Louis) et Méniel (Patrice), *Archéozoologie. Les animaux et l'archéozoologie*（ルイ・シェ＆パトリス・メニエル『古動物学——動物と古動物学』）, Paris, 2001.

Couret (Alain) et Ogé (Frédéric), éd., *Homme, animal, société*（アラン・クーレ＆フレデリク・オジェ共編『人間、動物、社会』）, 3 vol, Actes du colloque de Toulouse, 1987, Toulouse, 1989.

Crosby (Alfred W.), *Ecological Imperialism. The Biological Expansion of Europe, 900-1900*, Cambridge (Grande-Bretagne), 1986（アルフレッド・W・クロスビー『ヨーロッパ帝国主義の謎——エコロジーから見た10〜20世紀』、佐々木昭夫訳、岩波書店、1998年）.

Delort (Robert), *Les animaux ont une histoire*, Paris, 1984（ロベール・ドゥロール『動物の歴史』、桃木暁子訳、みすず書房、1998年）.

Desse (Jean) et Audoin-Rouzeau (Frédérique), dir., *Exploitation des animaux sauvages à travers le temps*（ジャン・デス＆フレデリク・アルドワン＝ルゾー共編『野生動物搾取の歴史』）, Juan-les-Pins, 1993.

Fontenay (Élisabeth de), *Le Silence des bêtes. La philosophie à l'épreuve de l'animalité*（エリザベド・ド・フォントネ『獣たちの沈黙。獣性の哲学』）, Paris, 1998.

Gubernatis (Angelo de), *Mythologies zoologiques ou les légendes animales*（アンジェロ・デ・グベルナティス『動物神話学もしくは動物伝説』）, réimpr. Milan, 1987.

Hennebert (Eugène), *Histoire militaire des animaux*（ウジェーヌ・エンヌベール『動物軍事史』）, Paris, 1893.

Klingender (Francis D.), *Animals in Art and Thought to the End of the Middle Ages*（フランシス・D・クリンジェンダー『中世末までの芸術と思想における動物たち』）, Londres, 1971.

Lenoble (Robert), *Histoire de l'idée de nature*（ロベール・ルノーブル『自然観の歴史』）, Paris, 1969.

Lévi-Strauss (Claude), *La Pensée sauvage*, Paris, 1962（クロード・レヴィ＝ストロース『野性の思

考』、大橋保夫訳、みすず書房、1976年）.

Lewinsohn (Richard), *Histoire des animaux*（リヒャルト・レーヴィンゾーン『動物史』）, Paris, 1953.

Loevenbruck (Pierre), *Les Animaux sauvages dans l'histoire*（ピエール・ルベンブリュック『歴史のなかの動物たち』）, Paris, 1955.

Loisel (Gustave), *Histoire des ménageries de l'Antiquité à nos jours*（ギュスタヴ・ロワゼル『古代から現代までの動物園の歴史』）, Paris, 1912, 3 vol.

Marino Ferro (X. R.), *Symboles animaux*（ホセ・ラモン・マリニョ・フエロ『動物シンボル』）, Paris, 1996.

Pastoureau (Michel), *Les Animaux célèbres*（ミシェル・パストゥロー『有名な動物たち』）, Paris, 2002.

—, *L'Ours. Histoire d'un roi déchu*, Paris, 2006（同『熊の歴史』, 平野隆文訳, 筑摩書房, 2014年）.

Petit (Georges) et Theodoridès (Jean), *Histoire de la zoologie des origins à Linné*（ジョルジュ・プティ＆ジャン・テオドリデス『起源からリンネまでの生物学の歴史』）, Paris, 1962.

Planhol (Xavier de), *Le Paysage animal. L'homme et la grande faune. Une zoo-géographie historique*（グサヴィエ・ド・プラノル『動物の風景。人間と大規模動物相——歴史的動物地理学』）, Paris, 2004.

Porter (J. R.) et Russell (W. M. S.), éds, *Animals in Folklore*（J・R・ポーター＆W・H・S・ラッセル共編『フォークロアにおける動物たち』）, Ipswich, 1978.

Rozan (Charles), *Les Animaux dans les proverbes*（シャルル・ロザン『諺のなかの動物たち』）, Paris, 1902, 2 vol.

Sälzle (Karl), *Tier und Mensch. Das Tier in der Geistgeschichte der Menschheit*（カール・ゼルツレ『人類の精神史における獣』）, Munich, 1965.

先史時代、古代

Anderson (J. K.), *Hunting in the Ancient World*（J・K・アンダーソン『古代世界の狩猟』）, Berkeley, 1985.

Aymard (Jacques), *Étude sur les chasses romaines des origines à la fin des Antonins*（ジャック・エマール『起源からアントニウス朝末期までのローマ人の狩猟にかんする研究』）, Paris, 1951.

Beiderbeck (Rolf) et Knoop (Bernd), *Bestiarium. Berichte aus der Tierwelder Alten*（ロルフ・バイダーベック＆ベルント・クヌープ『動物誌——古代の動物界に関する報告』）, Lucerne, 1978.

Bouche-Leclercq (Auguste), *Histoire de la divination dans l'Antiquité*（オーギュスト・ブーシュ＝ルクレール『古代における占いの歴史』）, Paris,

1879-1882, 4 vol.

Calvet (Jean) et Cruppi (Marcel), *Le Bestiaire de l'Antiquité classique*（ジャン・カルヴェ＆マルセル・クリュピ『古典古代の動物誌』）, Paris, 1955.

Cauvin (Jacques), *Naissance des divinités, naissance de l'agriculture.La révolution des symboles au Néolithique*（ジャック・コーヴァン『神々の誕生，農耕の誕生：新石器時代におけるシンボル革命』）, Paris, 1994.

Clottes (Jean) et Lewis-Williams (David), *Les Chamanes de la Préhistoire*（ジャン・クロット＆デーヴィット・ルイス＝ウィリアムズ『先史時代のシャーマンたち』）, 2ᵉ éd., Paris, 2001.

Dierauer (Urs), *Tier und Mensch im Denken der Antike*（ウルス・ディーラウアー『古代思想における動物と人間』）, Amsterdam, 1977.

Dumont (Jacques), *Les Animaux dans l'Antiquité grecque*（ジャック・デュモン『古代ギリシアの動物たち』）, Paris, 2001.

Gautier (Achilles), *La Domestication*（アシル・ゴーティエ『家畜化』）, Paris, 1990.

Gontier (Thierry), *L'Homme et l'Animal. La philosophie antique*（ティエリ・ゴンティエ『人間と動物——古代哲学』）, Paris, 2001.

Homme et animal dans l'Antiquité romaine（『古代ローマにおける人間と動物』）. Actes du Collo-

que de Nantes 1991, Tours, 1995.

Keller (Oskar), *Die antike Tierwelt*（オスカー・ケラー『古代の動物世界』）, Leipzig, 1909-1913, 2 vol.

Labarrière (Jean-Louis) et Romeyer-Dherbey (Gilbert), éds, *L'Animal dans l'Antiquité*（ジャン＝ルイ・ラバリエール＆ジルベール・ロメイエ＝デルベ共編『古代における動物』）, Paris, 1998.

Leroi-Gourhan (André), *Les Chasseurs de la Préhistoire*（アンドレ・ルロワ＝グーラン『先史時代の狩猟者たち』）, 2ᵉ éd., Paris, 1992.

—, *Les Religions de la Préhistoire*, 5ᵉ éd., Paris, 2001（同『先史時代の宗教と芸術』、蔵持不三也訳、日本エディタースクール出版部、1985 年）.

Lévêque (Pierre), *Bêtes, dieux et hommes. L'imaginaire des premières religions*（ピエール・レヴェク『獣、神々、人間——初期宗教の想像力』）, Paris, 1985.

Manquat (Maurice), *Aristote naturaliste*（モーリス・マンカ『博物学者アリストテレス』）, Paris, 1932.

Pellegrin (Pierre), *La classification des animaux chez Aristote*（ピエール・ペレグラン『アリストテレスの動物分類』）, Paris, 1983.

Prieur (Jean), *Les Animaux sacrés dans l'Antiquité*（ジャン・プリウール『古代の聖獣たち』）,

Paris, 1988.

Pury (Albert de), *L'Animal, l'homme , le dieu dans le Proche-Orient ancien*（アルベール・ド・ピュリ『古代近東の動物、人間、神』）, Louvain, 1984.

Rudhardt (Jean) et Reverdin (Olivier), *Le Sacrifice dans l'Antiquité*（ジャン・リュダール & オリヴィエ・ルヴェルダン『古代の供犠』）, Genève, 1981.

中世

Baxter (Ronald), *Bestiaries and their Users in the Middle Ages*（ロナルド・バクスター『中世の動物誌とその利用者たち』）, Phoenix Mill (Grande-Bretagne), 1999.

Blankenburg (Wera von), *Heilige und dämonische Tiere. Die Symbolsprache der deutschen Ornamentik im frühen Mittelalter*（ヴェラ・フォン・ブランケンブルク『聖なる動物と呪われた動物——中世初期のドイツ装飾における象徴物語』）, Leipzig, 1942.

Buschinger (Danielle), *éd., Hommes et animaux au Moyen Âge*（ダニエル・ビュサンジェ編『中世の人間と動物』）, Greifswald, 1997.

Clark (Willene B.) et McMunn (Meradith T.), éds, *Beasts and Birds of the Middle Ages. The Bestiary and its Legacy*（ウィレヌ・B・クラーク & メラディ

ス・マクマン『中世の獣と鳥たち——動物誌とその遺産』）, Philadelphie, 1989.

Cummins (John), *The Hound and the Hawk. The Art of the Medieval Hunting*（ジョン・カミンズ『猟犬と鷹——中世の狩猟術』）, Londres, 1988.

Febel (Gisela) et Maag (Georg), *Bestiarien im Spannungsfeld. Zwischen Mittelalter und Moderne*（ギセラ・フェベル & ゲオルク・マーグ『中世と近代における動物誌』）, Tübingen, 1997.

George (Wilma B.) et Yapp (William B.), *The Naming of the Beasts. Natural History in the Medieval Bestiary*（ウィルマ・B・ジョージ & ウィリアム・B・ヤップ『獣の命名——中世動物誌の博物学』）, Londres, 1991.

Harf-Lancner (Laurence), éd., *Métamorphose et bestiaire fantastique au Moyen Âge*（ローランス・アルフ゠ランクネ編『中世の変身と幻想的動物誌』）, Paris, 1985.

Hassig (Debra), *Medieval Bestiaries : Text, Image, Ideology*（デブラ・ハシッグ『中世動物誌——テキスト・イメージ・イデオロギー』）, Cambridge, 1995.

Henkel (Nikolaus), *Studien zum Physiologus im Mittelalter*（ニコラウス・ヘンケル『中世のフィジオロゴス研究』）, Tübingen, 1976.

Kitchell (Kenneth F.), *Albertus*

Magnus on Animals. A Medieval Summa Zoologica（ケネス・F・キッチェル『アルベルトゥス・マグヌスの動物論——中世の動物学大全』）, Berkeley, 1998, 2 vol.

Langlois (Charles-Victor), *La Connaissance de la nature et du monde au Moyen Âge*（シャルル゠ヴィクトル・ラングロワ『中世の自然観と世界観』）, Paris, 1911.

Lecouteux (Claude), *Chasses fantastiques et cohortes de la nuit au Moyen Âge*（クロード・ルクトー『中世の幻想的狩猟と夜の軍団』）, Paris, 1999.

Lindner (Kurt), *Die Jagd im frühen Mittelalter*（クルト・リンドナー『中世初期の狩猟』）, Berlin, 1960 (*Geschichte der deutschen Weidwerks*, vol. 2).

McCulloch (Florence), *Medieval Latin and French Bestiaries*（フローレンス・マクローチ『中世のラテン・フランス語動物誌』）, Chapel Hill (États-Unis), 1960.

Rösener (Werner), éd., *Jagd und höfische Kultur im Mittelalter*（ヴェルナー・ローゼナー編『中世の狩猟と宮廷文化』）, Göttingen, 1997.

Strubel (Armand) et Saulnier (C. de), *La Poétique de la chasse au Moyen Âge. Les livres de chasse du XIVe siecle*（アルマン・ストリュベル & C・ド・ソーニエ編『中世の狩猟詩——14世紀の狩猟書』）, Paris, 1994.

Van den Abeele (Baudouin), *La*

Littérature cynégétique（ボード ワン・ヴァン・デン・アベーレ 『狩猟文学』）, Turnhout, 1996 (*Typologie des sources du Moyen Âge occidental*, 75).

―, éd., *Bestiaires médiévaux. Nouvelles perspectives sur les manuscrits et les traditions textuelles*（同編『中世の動 物誌――写本および文献的 伝統にかんする新展望』）, Louvain-la-Neuve, 2005.

Voisenet (Jacques), *Bestiaire chrétien. L'imagerie animale des auteurs du haut Moyen Âge (V^e-XIe s.)*（ジャック・ボワズネ 『キリスト教の動物誌――中 世初期の著作家たちの動物 像』）, Toulouse, 1994.

―, *Bêtes et hommes dans le monde médiéval. Le bestiaire des clercs du Ve au XIIe siècle*（同『中世世界の獣と人間 ――5-12 世紀の聖職者たち の動物誌』）, Turnhout, 2000.

近代

Baratay (Éric), *L'Église et l'Animal (France, XVIIe-XXe siècle)*（エリック・バラテ『教会 と動物――17-20 世紀のフラン ス』）, Paris, 1996.

Baratay (Éric) et Hardouin-Fugier (Élisabeth), *Zoos. Histoire des jardins zoologiques en Occident*（エリック・バラテ & エリザ ベト・アルドワン＝フュジエ 『動物園――西洋における動 植物の歴史』）, Paris, 1998.

Baümer (Änne), *Zoologie der Renaissance, Renaissance der Zoologie*（アナ・ボイマー『ル ネサンスの動物学と動物学の ルネサンス』）, Francfort-sur- le-Main, 1991.

Delaunay (Paul), *La Zoologie au XVIe siècle*（ポール・ドゥロネ 『16 世紀の動物学』）, Paris, 1962.

Dittrich (Sigrid et Lothar), *Lexikon der Tiersymbole. Tiere als Sinnbilder in der Malerei des 14.-17. Jahrhunderts*（ジーク リット & ロタール・ディトリヒ 『動物シンボル事典――14-17 世紀の絵画における象徴とし ての動物』）, 2e éd., Petersberg, 2005.

Haupt (Herbert) et al., *Le Bestiaire de Rodolphe II*（ヘアベルト・ ハウプトほか『ルドルフ 2 世 の動物誌』）, Paris, 1990.

Leibbrand (Jürgen), *Speculum bestialitatis. Die Tiergestalten der Fastnacht und des Karne- vals im Kontext christlicher Allegorese*（ユルゲン・ライブ ラント『動物鑑――キリスト 教の寓意コンテクストにおけ るファスナハトとカルナヴァ ルの動物像』）, Munich, 1988.

Moriceau (Jean-Marc), *L'Élevage sous l'Ancien Régime (XVIe-XVIIIe siècle)*（ジャン＝マルク・モリ ソー『アンシャン・レジーム期 （16-18 世紀）の牧畜』）, Paris, 1999.

Nissen (Claus), *Die zoologische Buchillustration : Ihre Biblio- graphie und Geschichte*（クラ ウス・ニッセン『動物挿画 ――書誌と歴史』）, Stuttgart, 1969-1978, 2 vol.

Paust (Bettina), *Studien zur barocken Menagerie in deutschsprachigen Raum*（バッティナ・パウスト『ドイ ツ語圏におけるバロック時代 の動物見世物研究』）, Worms, 1996.

Risse (Jacques), *Histoire de l'élevage français*（ジャック・リ ス『フランスの牧畜史』）, Paris, 1994.

Salvadori (Philippe), *La Chasse sous l'Ancien Régime*（フィリッ プ・サルヴァドリ『アンシャン・ レジーム期の狩猟』）, Paris, 1996.

Thomas (Keith), *Dans le jardin de nature. La mutation des sensibilités en Angleterre à l'époque moderne (1500-1800)*（キース・トーマス『自然の 庭で――近代（1500-1800 年） のイングランドにおける感性 の成熟』）, Paris, 1985.

現代

Albert-Llorca (Marlène), *L'Ordre des choses. Les récits d'origine des animaux et des plantes en Europe*（マルレーヌ・アルベー ル＝リヨルカ『狩猟の秩序 ――ヨーロッパにおける動物 と植物の起源譚』）, Paris, 1991.

Blunt (Wilfrid), *The Ark in the Park. The Zoo in the Nineteenth Century*（ウィルフリード・ブ

ラント『公園の箱舟——19 世
紀の動物園』）, Londres, 1976.

Burgat (Florence), *Animal, mon
prochain*（フローランス・ビュ
ルガ『動物——わが隣人』）,
Paris, 1997.

Couret (Alain) et Daigueperse
(Caroline), *Le Tribunal des
animaux. Les animaux et le
droit*（アラン・クーレ＆カロ
リーヌ・デクペルス『動物
裁判——動物たちと権利』）,
Paris, 1987.

Diolé (Philippe), *Les Animaux
malades de l'homme*（フィリッ
プ・ディオレ『人間の病んだ
動物たち』）, Paris, 1974.

Domalain (Jean-Yves), *L'Adieu
aux bêtes*（ジャン＝イヴ・ド
マラン『獣たちよ、さらば』）,
Grenoble, 1976.

Hediger (Heini), *The Domestica-
tion of Animals in Zoos and
Circuses*（ハイニ・ヘディガー
『動物園とサーカスにおける
動物たちの順化』）, 2e éd., New
York, 1968.

Laissus (Yves) et Petter (Jean-
Jacques), *Les Animaux du
Muséum*（イヴ・レシュ＆ジャ
ン＝ジャック・ペテル『博物
館の動物たち』）, 1793-1993,
Paris, 1993.

Lévy (Pierre Robert), *Les Animaux
du cirque*（ピエール・ロベール・
レヴィ『サーカスの動物たち』）,
Paris, 1992.

Paietta (Ann C.) et Kauppila (Jean
L.), *Animals on Screen and
Radio*（アン・C・パイエッタ
＆ジャン・L・コーピラ『ス
クリーンとラジオの動物た
ち』）, New York, 1994.

Rothel (David), *The Great Show
Business Animals*（デーヴィッ
ド・ロセル『一大ショービジ
ネスの動物たち』）, New York
et Londres, 1980.

Rovin (Jeff), *The Illustrated
Encyclopedia of Cartoon
Animals*（ジェフ・ロヴィン『漫
画動物の絵入り百科事典』）,
New York, 1991.

Thétard (Henry), *Les Dompteurs*
（アンリ・テタール『猛獣づ
かい』）, Paris, 1928.

灰色狼

　灰色狼（カニス・ル
プス）【狼の通称】は
ヨーロッパでは長いあ
いだもっともありふれ
た種だった。大きさと
重さはさまざまだが、
17世紀ないし18世紀の
フランスでは、180リー
ヴル（約88キロ）もあ
る雄の個体を退治する
ことはけっしてまれで
はなかった。同様に、
灰色がつねに支配的な
色だとしても、その毛
色は今も昔も生息地の
高度や季節、亜種に
よって、白に近い色か
らブロンド、ベージュ、
赤褐色、灰色、褐色を
経て黒に近い色まで多
様である。そして、そ
れにしばしばさまざま
な色あいのまだら模様
や縞模様がくわわる。

写真　ホリー・カチェラ

図版出典

謝辞

　1冊の書という体裁でまとまるまで、このヨーロッパにおける狼の文化史は、他の野獣同様、パリの高等研究実習院や高等社会科学研究院での筆者のゼミの主題だった。およそ40年ものあいだ、実り多い情報交換に参加してくれたすべての学生や聴講生諸氏に対し、筆者として心からの感謝を捧げたい。

　また、筆者に助言や指摘ないし示唆を授けてくれたすべての人々——友人、両親、同僚、博士号取得準備者たち——、とくに以下の方々に感謝したい。タリア・ブレロ、ブリジット・ビュトネル、イヴォンヌ・ラポストル、ジャン＝ルイ・ルフェ、ジャン＝マルク・モリソー、ゲラルド・オルタッリ、フランソワ・ポプラン、クローディア・ラベル、アンヌ・リッツ＝ギベール、オルガ・ヴァシリエワ＝コドニェ、ボードワン・ヴァン・デン・アベエレ。さらに、書肆のスイユ社、とくに「Beaux Livres」編集部や友人のナタリー・ボー、カロリヌ・フクス、カリヌ・バンザカン＝レダン、グラフィックデザイナーのヴィルジニ・ペロラおよびフランソワ＝グザヴィエ・ドゥラリュの諸氏、そして筆者の報道担当者でもある友人のマリ＝クレール・シャルヴェ氏とモー・ブーロー氏にも謝意を表したい。これらすべての方々のご尽力によって、きわめて今日的な主題を扱った本書が、一般読者になんらかのインパクトをあたえるであろう立派な著作となったからである。

訳者あとがき

本書『図説ヨーロッパから見た狼の文化史』は、2018年にパリのスイユ社から刊行された、ミシェル・パストゥロー『狼──ある文化史』(Michel Pastoureau, *Le loup. Une histoire culturelle*, Éditions du Seuil, Paris, 2018) の全訳である。

著者については、すでに『赤の歴史文化図鑑』(蔵持・城谷民世訳、原書房、2018年) の「訳者あとがき」で、少し詳しく紹介しておいたが、1947年の生まれで、パリの国立高等研究実習院や国立高等社会科学研究院、国立ルーヴル高等美術学校などで教鞭をとってきた彼は、本書をふくむ35点の著書(共著をふくむ)を、紋章・印章学や動物誌、色の文化史などに捧げている。従来の歴史学から逸脱した分野に、果敢かつ融通無碍に学問の垂鉛をおろした異色の歴史家といえる。

本書は、これまで豚や熊、サル、一角獣などを論じてきたパストゥロー動物誌の最新刊である。動物が、「社会史や経済史、心性史、文化史、宗教史、さらに象徴史の重要な問題すべてとかかわっている」とする著者によれば、こと狼の歴史にかんするかぎり、すぐれた著作は何点かあるが、「自然史ないし博物誌よりも文化史に力点をおき、とくに長期的に文化史と向きあった著作はほとんどない」という。それゆえ、本書はその欠落を埋め、歴史や文化の生態系から狼のありようを再検討することを目的とするというのだ。そして、いささか意外なことに、狼が「悪魔的な動物誌や妖術的犯罪のスターの一翼」をになうようになったのは近代であり、それは中世にはほとんどみられなかったとも指摘する。もとよりこの変化は、狼の生息地の開発をはじめとするさまざまな社会的・経済的要因に起因するはずだが、歴史家パストゥローの真骨頂は、こうして通説に大胆に切りこむところにある。

そのための作業として、彼はギリシア・ローマ・ゲルマン・北欧・ケルト神話や博物誌、人狼伝承、聖人信仰、エンブレム、古典的な造形表現、寓話・童

話、民間伝承、俗信、言語表現などに登場する狼の社会的・象徴的・歴史的意味とその変容を解読する。むろん童話「赤頭巾」にかかわるさまざまなテクスト分析や、有名な「ジェヴォーダンの獣」への目くばりも忘れない。これらの主題のうち、たとえば人狼ないし狼男については、わが国でも池上俊一『狼男伝説』（朝日選書、1992年）や篠田知和基『人狼変身譚』（大修館、1994年）、あるいは翻訳書のセイバイン・ベアリンゲ＝グールド『人狼伝説』（ウェルズ恵子・清水千香子訳、人文書院、2009年）などのすぐれた著作が出ているが、人狼の存在を確信したりこれを狩ったりすることもまた、中世よりむしろ近代に広くみられ、その悪事を描いた人狼図は、プロテスタントとカトリックを問わず、ヨーロッパ社会に流布されたという。

さらに興味深いのは、現代の動画や漫画、絵本、児童書などにおける狼のイメージ転換、すなわち呪わしくおそろしい野獣としての負性の存在から愛すべき存在への、いわばパロディックな転位にかんする考察である。もとよりこれは狼の脅威が実生活から遠のいたことによるものだが、こうした歴史の諧謔に対する眼差しもまた著者ならではのものといえる。それは著者の研究における視野の広さと奥行の深さを端的に示しているが、かて

てくわえて、独特の論述に説得力をもたせる数多くの貴重な図像。まさにこれらが本書に披歴されたパストゥロー歴史学の醍醐味にほかならない。

本書でもたびたび指摘されているように、たしかに今日、絶滅危惧種としての狼の保護、自然環境から姿を消した狼や熊などの再導入をめぐって、世界各地で生態系の回復や生物多様性を求めるエコロジストや野生動物保護者と、再導入によって実害を受けている牧畜関係者および農民などとのあいだで論争がひき起こされている。さしあたりは被害に対する補償といった妥協的な対策がとられているが、この問題の根本的な解決は対立する主張にいずれも正当性があるだけに容易ではない。これもまた自然と文化、そして社会が向きあわざるをえない抜きさしならないアポリアといえるが、それを文化史の面から考えるうえでも、本書は重要な手がかりをあたえてくれるはずである。

最後に、今回もまた、これまで同様、原書房第一編集部長の寿田英洋氏と編集部の廣井洋子氏のお世話になった。深甚なる謝意を表したい。これで同社からの拙訳書（共訳書をふくむ）は20点を超えることになる。ありがたいかぎりである。また、訳者の体調を支えていただいている都立多摩総合医療センター総合内

科部長の西田賢司先生、消化器内科の吉
岡篤史先生にも心からの感謝を捧げたい。

2019年夏

訳者識

著者略歴
ミシェル・パストゥロー
Michel Pastoureau
1947年、パリ生まれ。国立古文書学校卒。フランス国立図書館メダイユ部門主任をつとめたのち、国立高等実習研究院、ついで国立高等社会科学研究院主任教授、フランス紋章・印章学会会長などを歴任した。本書をふくむ40点あまりの著書を上梓し、邦訳書には、『縞模様の歴史——悪魔の布』（1991／2004年）、『ヨーロッパの色彩』（1992年）、『紋章の歴史』（1996年）、『王を殺した豚 王が愛した象——歴史に名高い動物たち』（2001年）、『ヨーロッパ中世象徴史』（2004年）、『赤の歴史文化図鑑』（2018年）などがある。『われわれの記憶の色』（2010年）でメディシス賞（評論部門）受賞。

訳者略歴
蔵持不三也
Fumiya Kuramochi
1946年、栃木県今市市（現日光市）生まれ。早稲田大学第1文学部フランス文学専攻卒、パリ第4大学（ソルボンヌ大学）修士課程修了（比較文化専攻）、社会科学高等研究院博士課程修了（民族学専攻）。早稲田大学人間科学学術院教授やモンペリエ大学客員教授をへて、現在早稲田大学名誉教授。

著書に、『ワインの民族誌』（筑摩書房）、『シャリヴァリ——民衆文化の修辞学』（同文館）、『ペストの文化誌——ヨーロッパの民衆文化と疫病』（朝日新聞社）、『シャルラタン——歴史と諧謔の仕掛人たち』、『英雄の表徴』（以上、新評論）、『奇蹟と痙攣——近代フランスの宗教対立と民衆文化』（言叢社）ほか。

共編著に、『神話・象徴・イメージ』（原書房）、『エコ・イマジネール——文化の生態系と人類学的眺望』、『ヨーロッパ民衆文化の想像力』、『文化の遠近法』（以上、言叢社）ほか。

翻訳・共訳書に、ミシェル・ダンセル『図説パリ歴史物語＋パリ歴史小事典』（2巻）、ベルナール・ステファヌ『図説パリの街路歴史物語』（2巻）、同『パリ地名大事典』、ドミニク・レスブロ『街角の遺物・遺構から見たパリ歴史図鑑』、同『パリ歴史文化図鑑』、ニコル・ルメートルほか『図説キリスト教文化事典』、アンリ・タンクほか『ラルース世界宗教大図鑑』、ミシェル・パストゥロー『赤の歴史文化図鑑』（以上、原書房）、マーティン・ライアンズ『本の歴史文化図鑑』、（柊風舎）、エミール・バンヴェニスト『インド＝ヨーロッパ諸制度語彙集Ⅰ・Ⅱ』（言叢社）、Ａ・ルロワ＝グーラン『世界の根源』（言叢社／ちくま学芸文庫）ほか。

First published in France under the title "Le loup, une histoire culturelle"
by Michel Pastoureau
© Éditions du Seuil, 2018
Japanese translation rights arranged with Les Éditions du Seuil, Paris
through Tuttle-Mori Agency, Inc., Tokyo

図説
ヨーロッパから見た
狼の文化史

●

2019年 10月 5日　第 1 刷

著者………ミシェル・パストゥロー
訳者………蔵持不三也
装幀………川島進デザイン室
本文組版・印刷………株式会社ディグ
カバー印刷………株式会社明光社
製本………小高製本工業株式会社

発行者………成瀬雅人
発行所………株式会社原書房
〒160-0022　東京都新宿区新宿1-25-13
電話・代表 03（3354）0685
http://www.harashobo.co.jp
振替・00150-6-151594
ISBN978-4-562-05686-6